Argentine Spanish: a guide to speaking like an Argentine

Complete Lessons

By Cynthia Vilaplana
Published by Speak Spanish BA
© Copyright 2017 All Rights Reserved

No part of this publication may be reproduced, stored or transmitted in any form or by any means, electronic, mechanical or otherwise, without prior written consent from the publisher, except for the inclusion of brief quotations in a review. Disclaimer: The information contained in this book is based on the author's experience, knowledge and opinions. The author and publisher will not be held liable for the use or misuse of the information in this book.

INDEX

INTRODUCTION 1

BEGINNER

LESSON 1 3
THE PRONUNCIATION IN BUENOS AIRES 3

LESSON 2 4
VOS 4

LESSON 3 8
GREETINS AND INTRODUCTIONS 8

LESSON 4 11
THE VERB "SER" 11

LESSON 5 15
ARTICLES 15

LESSON 6 18
THE VERB "ESTAR" 18

LESSON 7 22
THE PRESENT TENSE 22

LESSON 8 26
THE VERB "HABER": THERE IS/ARE 26

LESSON 9 29
THE VERB "TENER" – TO HAVE (AND MORE) 29

LESSON 10 35
QUESTIONS 35

LESSON 11 39

THE FUTURE TENSE 39

LESSON 12 42
DEMOSTRATIVE ADJECTIVES 42

LESSON 13 45
HOW TO DEFINE POSSESSION 45

LESSON 14 48
THE VERB "GUSTAR": DO YOU LIKE? 48

LESSON 15 52
IRREGULAR VERBS IN THE PRESENT TENSE 52

LESSON 16 58
REFLEXIVE VERBS 58

LESSON 17 62
COMMON EXPRESSIONS IN PRESENT TENSE 62

LESSON 18 64
THE PAST TENSE: "PRETÉRITO INDEFINIDO" 64

LESSON 19 69
THE PAST TENSE: PRETÉRITO PERFECTO COMPUESTO 69

LESSON 20 73
IRREGULARS IN THE "PRETÉRITO INDEFINIDO" PAST TENSE 73

LESSON 21 76
VERY IRREGULARS IN THE "PRETÉRITO INDEFINIDO" PAST TENSE
.... 76

LESSON 22 79
YA VS. TODAVÍA 79

LESSON 23 81
TIME EXPRESSIONS 81

LESSON 24 85
BASIC PREPOSITIONS IN SPANISH 85

INTERMEDIATE

LESSON 1 90
THE VERB "SOLER" 90

LESSON 2 92
THE PRESENT PROGRESSIVE 92

LESSON 3 96
GUSTAR, CAER BIEN, PARECER 96

LESSON 4 100
SYMPTOMS AND ILLNES 100

LESSON 5 103
THE DIRECT AND INDIRECT OBJECTS 103

LESSON 6 107
HOW TO REPLACE THE INDIRECT AND DIRECT OBJECTS IN THE SAME PHRASE 107

LESSON 7 110
THE IMPERFECT TENSE 110

LESSON 8 114
USING THE IMPERFECT AND INDEFINITE PAST TENSES TOGETHER 114

LESSON 9 120
CONNECTORS 120

LESSON 10 123
THE IMPERSONAL "SE" 123

Lesson 11	HOW TO IDENTIFY	126
Lesson 12	VOCABULARY RELATED TO HOME/APARTMENTS	129
Lesson 13	COMPARISONS	131
Lesson 14	POR VS. PARA	134
Lesson 15	THE SIMPLE FUTURE TENSE	139
Lesson 16	THE SIMPLE CONDITIONAL TENSE	142
Lesson 17	GIVING ORDERS: THE IMPERATIVE TENSE	146
Lesson 18	THE PLUPERFECT TENSE – THE PAST BEFORE THE PAST	151
Lesson 19	READING SONG LYRICS IN SPANISH	155
Lesson 20	SHOPPING IN A CLOTHING STORE – VOCABULARY	159
Lesson 21	THE VERBS "VENIR-IR" AND "TRAER-LLEVAR"	162

ADVANCED

Lesson 1	166
VERBS OF CHANGE	166

Lesson 2	170
SER AND ESTAR IN THE PAST	170

Lesson 3	173
THE SUBJUNCTIVE MOOD IN THE PRESENT	173

Lesson 4	178
SUBJUCTIVE MOOD – OPINIONS & DOUBTS	178

Lesson 5	182
SUBJUNCTIVE WITH EMOTIONS	182

Lesson 6	185
SUBJUNCTIVE + TIME EXPRESSIONS	185

Lesson 7	188
SUBJUNCTIVE + PARA QUE	188

Lesson 8	190
SUBJUNCTIVE + RECOMMENDATIONS	190

Lesson 9	192
SONGS TO LEARN THE SUBJUNCTIVE	192

Lesson 10	197
PERFECT SUBJUNCTIVE	197

Lesson 11	201
IMPERFECT SUBJUNCTIVE	201

Lesson 12	205
PLUPERFECT SUBJUNCTIVE	205

Lesson 13	209
"Should Have/Could Have Done…"	209
Lesson 14	212
Ojalá	212
Lesson 15	216
THE FUTURE PERFECT	216
Lesson 16	218
Future with Probabilistic Value	218
Lesson 17	220
RELATIVE PRONOUNS	220
Lesson 18	224
AUNQUE	224
Lesson 19	227
Conditional Periphrastic	227
Lesson 20	229
ADVANCED SONG LYRICS	229
Bonus Lesson	232
A READING LESSON	232
Lesson 21	234
SOME ARGENTINE VOCABULARY	234
Lesson 22	236
INDIRECT STYLE	236
CONCLUSION	240

INTRODUCTION

Many Spanish students, or any learners of a new language, are often intimidated and frustrated by certain textbooks, guidebooks and other learning materials that present information in a complicated way. Many times these learning materials are completely in the foreign language, even when explaining tricky concepts. For a lot of learners this is very frustrating, as they just want to understand the concept! Yes, it is important to be constantly reading materials in the language one is learning, but a lot of times it just is more effective to have to explained to you a certain concept in your native language.

The aim of Argentine Spanish is to keep everything as simple as possible. Concepts are presented as straightforward as they can be. It is designed for you to have an easy reference to any concept you are stuck on or in need of review. A presentation of all the important concepts you need explained in simple English. Everything written in Spanish is also provided in English, so you understand why or how certain words are used.

We also wanted to approach Spanish as spoken in Buenos Aires, because each country has its particularity, and each region of each country may also be different. So if you like the Spanish of "los porteños" or you are coming to visit Buenos Aires, you will learn some specific things.

Let's get started

Beginner

Lesson 1

THE PRONUNCIATION IN BUENOS AIRES

Let's start by saying that there are some variations in the Argentine accent.

The pronunciation of the letter "Y" when it goes with a vowel is "sh". We say "Sho" (yo) instead of "io".

It is the same with the pronunciation of the double "L" (LL) when it goes with a vowel is "sh".

Calle = caSHe.

You can practice this pronunciation saying this: "Yo me llamo (your name) y vivo en la calle Lavalle".

BEGINNER

Lesson 2

VOS

In Argentina we use the personal pronoun "Vos" instead of "Tú" for the second person in singular. This pronoun is used in Argentina, Uruguay, Paraguay and Costa Rica, but also in some contexts in Bolivia, Chile, Nicaragua, Honduras, El Salvador, and in some cities in Mexico, Colombia, Ecuador, Panama, Peru, and Venezuela. The name of this use is "voseo" and it doesn´t exist in Spain, Equatorial Guinea or the Dominican Republic.

You shouldn't confuse it with the use of "vosotros" for the second person in plural in Spain (only in Spain).

So, in Argentina we use:

Yo (I), Vos (you informal), Usted (you formal), Él (he), Ella (she), Nosotros-Nosotras (we), Ustedes (you plural, formal and informal), Ellos-Ellas (they).

If you have learned Spanish before you will notice that the conjugation change (in relation with "tú") in Present Tense and Imperative Affirmative. They use the same Reflexive, and Possessive pronouns (TE= reflexive, TU-TUYO/A/S=possessive), but they change with the Indirect Pronoun, where still there is "TE" but "A vos", instead of "A ti"

Tú= A ti te gusta el jazz

Vos= A vos te gusta el jazz

What Is Vos?

¿De dónde SOS? ¿Cuántos años TENÉS? ¿y VOS?.

"VOS" is the second-person singular pronoun – it replaces the more common pronoun "TÚ" that is used in most other Spanish-speaking countries. It is the equivalent of the English "YOU" when used to address a single individual. VOS has its own set of verb conjugations that are distinct from those used with other pronouns.

For example:

Vos sos una buena persona. (Here "sos" replaces "eres" that is normally used with "TÚ")

You are a good person.

Note that "VOS" is the informal form of address. For formal means of addressing a single individual use "USTED" the same way it is used in Spain or other Spanish-speaking countries. The use of "VOS" is referred to as "voseo". In Argentina it replaces "TÚ" completely. You will never hear anyone use "TÚ" from Buenos Aires (but people will understand you perfectly if you use it).

VOS and Standard Spanish

Sometimes students looking for a Spanish course get concerned that Argentine Spanish is non-standard. "Will I be able to speak Spanish elsewhere if I learn all this VOS stuff?" – they wonder. In practice this is never a problem. First, all you have to know about VOS is described here. Secondly, if you learn Spanish in Argentina

BEGINNER

you will have no difficulty in understanding or using "TÚ". Conversely, if you already learned Spanish elsewhere Argentines will understand you perfectly.

Conjugations of VOS

When using "vos", verbs are conjugated differently in just two cases: Indicative: Present Tense and Affirmative Imperative. All other conjugations are the same as "TÚ".

VOS in Indicative - Present Tense

The Indicative -Present Tense form of VOS is actually easier to remember than that of any other pronoun. It always follows on a simple rule:

1. Replace the last "R" with "S"
2. Add an accent over the last vowel.

Accordingly, the VOS form of a verb is pronounced differently than "TÚ" because stress is always on the last syllable. Here are the conjugations for VOS in Indicative - Present Tense.

	HABLAR	PODER	VIVIR
TÚ	hablas	puedes	vives
VOS	hablás	podés	vivís

There are only two exceptions: Indicativo Present Tense of the verb SER for VOS is SOS and the verb IR is VAS (like in "tú").

Example:
- Tú eres médico.
- Vos sos médico.
- You are a doctor

BEGINNER

Lesson 3

GREETINS AND INTRODUCTIONS

Greetings and introductions are the most basic things in any language. Let's take a look at some of the most basic greetings and introductions in Spanish.

Greetings

- **¡Hola!** (Hello)
- **¡Chau!/¡Adiós!** (Bye)

The next greetings are usually used during the different parts of the day when we arrive at a place or when we leave it.

- **¡Buen día!/¡Buenos días!** (Good morning) As you can see, one example is singular and the other is plural. Even when we can say it using singular or plural, we are actually only referring to the actual day. Both work well.
- **¡Buenas tardes**! (Good afternoon) From 2p.m
- **¡Buenas noches!** (Good night) From 8 P.M

Introductions

The following examples explain how to say common introductions like "What is your name?" and "where are you from?" Don't worry about what verbs are being used or any other of the technicalities just yet. It is good to just get the foundation and in later lessons you will understand the WHY of what you are saying.

- **¿Cómo te llamás?** (Vos)/ **¿Cuál es tu nombre?** (What is your name?)

- **¿Cuál es tu nombre?** It is a direct translation of "What is your name?". ¿Cómo te llamás? It is directly translated as "What do you call yourself?" but obviously its intention is the same: to find out the name of the person you are asking.

- **Mi nombre es Julia/Me llamo Julia/Soy Julia. ¿Y vos?** (I'm Julia, and you?)

- **Me llamo Henry.** (My name is Henry)

- **¿De dónde sos (Vos)?** (Where are you from?)

- **Soy de Argentina.** (I'm from Argentina.) / **Soy argentina** (I'm Argentinian.)

- **Soy** (I Am) is the first person singular form of the ver **Ser** (to be) which we will learn more about in the next lesson.

- **¿De qué parte?** (From what part?)

- **De Buenos Aires. ¿Y vos?, ¿De dónde sos?** (From Buenos Aires. And you?, where are you from?)

- **Soy de Estados Unidos, de Colorado.** (I'm from the USA, from Colorado)

- **¿Qué hacés?/ ¿De qué trabajás?/ ¿A qué te dedicás?** (These questions are about what you do in life: What do you do? / What is your job?)

- **Soy diseñador gráfico. ¿Y vos?** (I'm a Graphic Designer. And you?)

- **Soy periodista** (I'm a Journalist)

- **Mucho gusto.** (Nice to meet you)

- **Encantado.** (Nice to meet you) *If the person were a girl, she would say "**encantada**" because it is feminine. Masculine ends

BEGINNER

in "o" and feminine in "a". More on this in future lessons!

The following examples are the names of countries in Spanish and the words used by a citizen to describe himself. There is no English here but you should be able to figure out which country is which!

Inglaterra: **Inglés/a**, Estados Unidos: **Estadounidense**, Nueva Zelanda: **Neozelandés/a**, Alemania: **Alemán/a**, Irlanda: **Irlandés/a** Canadá: **Canadiense**, México: **Mexicano/a**, Argentina: **Argentino/a**, China: **Chino/a**, Japón: **Japonés/a**, Dinamarca: **Danés/a**, Perú: **Peruano/a**, Chile: **Chileno/a**, España: **Español/a**, Italia: **Italiano/a**, Francia: **Francés/a**, Ecuador: **Ecuatoriano/a**, Colombia: **Colombiano/a**, Brasil: **Brasilero/a**, Bolivia: **Boliviano/a**, Australia: **Australiano/a**, Noruega: **Noruego/a**, Suiza: **Suizo/a**, Suecia: **Sueco/a**, India: **Hindú**, Israel: **Israelita**, Irán: **Iraní**, Pakistán: **Paquistaní**

Professions:

Arquitecto/a (architect) – **Contador/a** (accountant)- **Médico/a** (doctor) - **Doctor/a** (doctor) -**Periodista** (journalist)- **Dentista** (dentist)- **Vendedor/a** (seller)- **Ingeniero/a** (engineer) -**Maestro/a** (teacher) -**Profesor/a** (professor) -**Deportista** (sportman - sportwoman) - **Jugador de + Sport** (tennis player)- **Mozo/a** (waiter-waitress) - **Cantante** (singer) -**Actor/Actriz** (actor – actress) -**Recepcionista** (receptionist) -**Secretaria/o** (secretary) - **Abogada/o** (attorney) -**Diseñador/a** (designer)

Lesson 4

THE VERB "SER"

The verb SER is a very important verb in Spanish; in most cases, SER means, "to be". We will first take a look at how you conjugate a verb like SER and later on show how you would utilize this verb in a sentence.

Yo **soy** (I am)

Vos **sos** (You are *Informal)

Usted **es** (You are *Formal)

Él /Ella **es** (He/She is)

Nosotros-Nosotras **somos** (We are *If in the group there is at least one man, we have to use masculine.)

Ustedes **son** (You are)

Ellos-Ellas **son** (They are *If in the group there is at least one man, we have to use masculine)

Let's take a look at some examples of how SER is used in conversation.

1. **The verb Ser is used to say your name or to introduce people. For example:**
    - **Yo soy Leila y ella es mi amiga Mónica. Él es Jaime.** (I am Leila and she is my friend Monica. He is Jaime.)

2. **It is used to speak about origin**
   - **¿De dónde sos?** (Where are you from?)
   - **Soy de Buenos Aires.** (I'm from Buenos Aires)
   - **¿De dónde es este vino?** (Where is this wine from?)
   - **Es de Mendoza.** (It's from Mendoza)

3. **It is used to speak about professions**
   - **¿Qué hacés?/ ¿De qué trabajás?/ ¿A qué te dedicás?** (What do you do?)
   - **Soy escritor. Mi novia es traductora.** (I´m a writer. My girlfriend is a translator.)

4. **The Time**
   - **¿Qué hora es?** (What time is it?)
   - **Es la 1.** (or **son las 2,3,4,5, etc**). (It´s....)

5. **The date**
   - **Hoy es lunes 5 de septiembre** (Today is Monday September 5th).

6. **Colors**
   - **¿De qué color es tu mochila?** (What color is your backpack?)
   - **Mi mochila es rosa.** (My backpack is pink.)
   - **La leche es blanca.** (The milk is white.)
   - **El pizarrón es negro.** (The blackboard is black.)
   - **El tomate es rojo.** (The tomato is red.)

7. **Materials/Ingredients**
   - **¿De qué material es tu camisa?** (What material is your

shirt?)

- **Es de seda.** (It is silk.)
- **¿De qué es la ensalada?** (What's in the salad?)
- **De zanahoria y huevo.** (Carrot and Egg.)

8. **Features**

   - **¿Cómo es Messi?** (What does Messi look like?)
   - **Messi es bajo, castaño y blanco. Es tímido y talentoso. Es buena persona. Además es famoso y rico.** (Messi is short, has brown hair and is white. He is shy and talented. He's a good person. He is also famous and rich.)

A person could be:

Alta/o(Tall)-**Baja/o**(Short)- **Flaca/o**(Skinny)-**Gordo/a** (Fat)- **Lindo/a**(Nice)-**Bonita/o**(Pretty)-**Hermosa/o**(Beautiful) - **Feo/a** (Ugly) -**Morocho/a**(Darkhair) - **Castaña/o**(BrownHaired)-**Rubio/a** (Blond haired) - **Colorado/a** (Red Haired) - **Canoso/a** (Gray haired)- **Pelado/a** (Without hair) **Inteligente** (Intelligent)- **Tímido/a** (Shy) - **Aburrido/a** (Borring) - **Divertido/a** (Funny) - **Gracioso/a** (Funny)–**Amable**- (Gentle-friendly) **Simpático/a** (Nice-Friendly) -**Antipático/a**(Not nice) - **Sociable** (Sociable) - **Abierto/a** (Open Minded) - **Cerrado-a**(Closed)

Exercise Lesson 4

1. ¿Vos sos Carlos?

   No, yo _____ Juan.

2. ¿Cómo son los españoles?

   Bueno, _____ muy simpáticos.

3. Soy de Buenos Aires.

BEGINNER

¿Sí?, ¿_____ argentina?

4. ¿Ustedes son estudiantes?

    No, _____ profesores.

5. Mis perras _____ muy obedientes.
6. ¿Cómo es tu país?

    Mi país _____ muy grande.

7. Mi amiga y yo vivimos en Estados Unidos. _____ estadounidenses.
8. Pablo y Héctor _____ españoles, pero viven en Italia. Ellos _____ modelos top.
9. Mi madre _____ profesora y trabaja en la Universidad.
10. Tu marido y vos _____ inteligentes.
11. La Universidad en EEUU _____ muy cara.
12. Yo soy Julia, tu nueva profesora. ¿Vos _____ Lauren?

Answers

1) soy, 2) son, 3) Sos 4) somos, 5)son, 6) es, 7) somos, 8) son-son, 9) es, 10) son, 11) es, 12) sos

Lesson 5

ARTICLES

All the nouns and also most of adjectives in Spanish are distinguished by whether it is male, female, singular or plural. This is why we have 4 "defined articles" and 4 "indefinite articles":

Artículos Definidos

- **El** Perro (The dog)
- **La** Casa (The house)
- **Los** Extraterrestres (The aliens)
- **Las** Chicas (The girls)

Artículos Indefinidos

- **Un** Mono (A Monkey)
- **Una** Manzana (An Apple)
- **Unos** Árboles (Some trees)
- **Unas** Flores (Some Flowers)

Even when there are many exceptions, there are some rules to know if a word is male or female.

1. For example: when the ending is "A", it is usually female: la taza, la mesa. But here we have some exceptions: el sistema, el mapa, el problema, el tema
2. When the ending is "O", it is usually male: el auto, el lobo. But here we have some exceptions: la mano, la foto.

BEGINNER

3. The ending -ista is always for both genders. We use articles to make the difference:

    - El deportista – La deportista
    - La dentista –El dentista

4. The ending -sión or -ción is always female.

    - La nación, la estación, la canción.

5. Many words with the ending -ma are male because they came from the Greek:

    - El tema, el sistema, el problema.

6. We have some words that are female but they still use the article "El" or "Un" because they start with the fonema "a" or "ha" tónico. It is only in singular and when the article is immediately before the noun.

    - El/Un alma
    - El/Un aula
    - El agua
    - Un/Un hacha

El perro es un animal doméstico y por eso en las casas de familia suele haber perros. En mi casa tenemos una perra que se llama Lara, los chicos la aman. Yo también la quiero mucho, sin embargo, el otro día me enojé con ella, porque comió unas flores hermosas que había en el jardín. (The dog is a pet and so, in family homes, there are usually dogs. In my home we have a dog called Lara, the kids love it. I love her too much, however, the other day I was angry with her because she ate some beautiful flowers in the garden.)

BEGINNER

Exercise Lesson 5

1. _____ naranja es _____ fruta cítrica.

2. Tim y Matías son mis amigos. Ellos son _____ amigos muy buenos.

3. _____ colores que más me gustan son _____ rojo y _____ azul.

4. En _____ horas sale nuestro avión.

5. _____ sol sale por _____ día (male) y _____ luna por _____ noche (female).

6. _____ problema es de_____ hombres.

Answers

1) La-una, 2) unos, 3) Los-el-el, 4) unas, 5) El-el-la-la, 6) El-los

BEGINNER

Lesson 6

THE VERB "ESTAR"

ESTAR is another verb that could be translated like "to be" in English, but we have to differentiate it from SER in Spanish, because it has others uses. **ESTAR** is used for conditions, sometimes the state of a person (temporary state). We could never use **ESTAR** for saying, "I am a boy" or "I am tall" as these are permanent traits. In those cases, we have to use SER. **ESTAR** is used to describe a **condition** of a person; we can say: "Mi bisabuelo está muerto" (My great grandfather is dead). Also we can use it for things like "to be happy" or "to be sad".

It's why we ask in Spanish "¿**Cómo estás?**" (How are you?) You can answer: **Bien/Mal** (Good/Bad)

The conjugation for ESTAR is:

Yo **estoy**

Tú/Vos **estás**

Usted/Él/Ella **está**

Nosotros-Nosotras **estamos**

Ustedes/Ellos-Ellas **están**

Estar: **contento-a** (happy) –**triste** (sad) -**enfermo-a** (sick) -**nervioso-a** (nervious) -**aburrida-a** (bored) -**divertido-a** (fun) -**preocupado-a** (worried) **entusiasmado-a** (excited) -**cansado-a** (tired) -***vivo-a** (alive) - **muerto-a** (dead) (Even when it doesn't change, it is a condition of the subject)

- ¿Cómo está tu hermana?
- Ella está triste, porque rompió con su novio.
- ¿Cómo estás?
- Estoy muy cansado, necesito sentarme.

ESTAR is also used for location

- **¿Dónde está Buenos Aires?** (Where is Buenos Aires?)
- **Buenos Aires está en Argentina, y Argentina está en América del Sur.** (Buenos Aires is in Argentina, in South America.)

Words to express location:

- **Arriba** (up)
- **Abajo** (down)
- **Sobre/Encima de** (over/on)
- **Debajo de** (under)
- **Entre** (between)
- **A la derecha de** (to the right)
- **A la izquierda de** (to the left)
- **En el centro de** (In the center of)
- **Enfrente de** (In front of)
- **Delante de** (before, in front of)
- **Detrás de** (behind)

BEGINNER

- **Al lado de**/Junto a (next to)
- **Dentro de** (inside)
- **Fuera de** (outside)
    - ¿Dónde está el baño?
    - El baño está al fondo, a la derecha.
    - ¿Dónde está mi guitarra?
    - En tu habitación, al lado de tu cama.
    - ¿Dónde está el gato?
    - El gato está debajo de la mesa.

Exercise Lesson 6

Ser or Estar

1. ¿Quién _____ la chica que _____ al lado de Marcos?
2. - ¿Cómo _____ tu madre?

    - Ella _____ alta y rubia.

3. ¿Dónde _____ los libros?
4. José _____ enfermo y por eso _____ en cama desde ayer.
5. -¿Qué hora _____?

    -_____ las 4 y cuarto.

6. -¿De qué trabajás?

    -_____ contadora.

7. -¿De dónde _____ tus dos estudiantes?

    -Uno _____ de Alemania y el otro _____ de Holanda.

8. Chicago ____ al sur de Winsconsin.

9. Susana ____ muy tranquila, pero hoy ____ nerviosa porque empieza un nuevo trabajo.

10. Hola, ____ Cynthia.

Answers

1) es-está, 2) es-es, 3) están, 4) está-está, 5) es-son, 6) Soy, 7) son-es-es, 8) está, 9) es-está, 10) soy.

Lesson 7

THE PRESENT TENSE

All verbs in Spanish end in AR-ER or IR. For example, in the verb "Cantar" (to sing) **Cant-** is called the root and **-ar** is the ending.

If we have a verb with the ending AR and it is a regular verb we conjugate it in the following way:

CantAR (To Sing)	
Yo	Canto
Vos	Cantás
Usted/Él/Ella	Canta
Nosotros-as	Cantamos
Ustedes/Ellos/Ellas	Cantan

Other Regular Verbs with the ending "AR" are:

Caminar (to walk), **Hablar** (to talk), **Contar** (to count/to tell), **Trabajar** (to work), **Alquilar** (to rent), **Gastar** (to spend money), **Mirar** (to watch), **Amar** (to love), **Bailar** (to dance), **Ganar** (to win/to earn), **Llorar** (to cry), **Manejar** (to drive/ to manage), **Mandar** (to send), **Nadar** (to swim), **Saltar** (to jump), **Tomar** (to drink, to take), **Llegar** (to arrive), **Llevar** (to carry), **Desayunar** (to eat breakfast), **Cenar** (to eat dinner), **Apagar** (to turn off), **Practicar** (to practice), **Entrar** (to enter), **Terminar** (to finish), **Preparar** (to prepare), **Cocinar** (to cook).

If the ending is ER you conjugate the regular verbs in the following way:

ComER (To Eat)	
Yo	Como
Vos	Comés
Usted/Él/Ella	Come
Nosotros-as	Comemos
Ustedes/Ellos/Ellas	Comen

Other Regular Verbs with the ending "ER" are:

Beber (to drink), **Creer** (to believe/to think), **Leer** (to read), **Correr** (to run), **Responder** (to answer), **Prender** (to turn on)

If the ending is IR you conjugate the regular verbs in the following way:

VivIR (To Live)	
Yo	Vivo
Vos	Vivís
Usted/Él/Ella	Vive
Nosotros-as	Vivimos
Ustedes/Ellos/Ellas	Viven

Other Regular Verbs with the ending "IR" are:

Escribir (to write), **Asistir** (to help, to attend), **Discutir** (to discuss), **Decidir** (to decide), **Abrir** (to open)

BEGINNER

Underlined below are some typical expressions we use in the present tense:

- **Siempre desayuno mate con medialunas.** (I <u>always</u> eat for breakfast mate with croissants.)

- **Los bancos <u>nunca</u> abren antes de las 10 en Buenos Aires.** (The Banks <u>never</u> open before 10 in B.A.)

- **<u>Casi siempre</u> mis amigos cocinan asados <u>los domingos</u>.** (<u>Almost always</u> my friends cook a BBQ <u>on Sundays</u>.)

- **Juan no lee el periódico <u>casi nunca</u>.** (Juan <u>almost never</u> reads the newspapers.)

- **<u>Los fines de semana</u>, mis amigos y yo tomamos mate en el parque.** (<u>On the weekends</u>, my friends and I drink mate in the park.)

* In Argentina we usually say "findes" to refer to weekends. "Los findes mis amigos y yo tomamos mate en el parque".

- **Los porteños <u>usualmente</u> cenan muy tarde.** (The people in Buenos Aires <u>usually</u> eat dinner very late.)

- **<u>De vez en cuando</u> tomo vino blanco, pero <u>en general</u> bebo tinto malbec.** (<u>From time to time</u> I drink white wine, but <u>generally</u> I drink red wine)

- **<u>A veces</u> mi mamá mira televisión <u>por la noche</u>.** (<u>Sometimes</u> my mother watches TV <u>at night</u>.)

Exercise Lesson 7

Hola, mi nombre (ser) ___ Patrick. (ser) ___ inglés, pero ahora (vivir) ___ en Buenos Aires, porque (estudiar) ___ español. No (tomar) ___ mate, sino té. Mi departamento (estar) ___ en Recoleta, cerca de mi escuela, (vivir) ___ con una familia argentina. Mi grupo (ser) _____ nivel B1, por eso mi profesora (hablar) _____ sólo en español con nosotros. Después de la clase, los otros estudiantes y yo (comer) _____ en la escuela cuando tenemos clases por la tarde. Algunos estudiantes (regresar) _____ a sus casas.

Por la noche, en general, mis amigos y yo (salir) _____ a bares. Pero antes yo (cenar) _____ con mi familia anfitriona. La mamá (preparar) _____ unas pastas exquisitas.

Answers

Hola, mi nombre (ser) es Patrick. (ser) Soy inglés, pero ahora (vivir) vivo en Buenos Aires, porque (estudiar) estudio español. No (tomar) tomo mate, sino té. Mi departamento (estar) está en Recoleta, cerca de mi escuela, (vivir) vivo con una familia argentina. Mi grupo (ser) es nivel B1, por eso mi profesora (hablar) habla solo en español con nosotros. Después de la clase, los otros estudiantes y yo (comer) comemos en la escuela cuando tenemos clases por la tarde. Algunos estudiantes (regresar) regresan a sus casas.

Por la noche, en general, mis amigos y yo (salir) salimos a bares. Pero antes yo (cenar) ceno con mi familia anfitriona. La mamá (preparar) prepara unas pastas exquisitas.

BEGINNER

Lesson 8

THE VERB "HABER": THERE IS/ARE

"Haber" is a verb with an impersonal form for expressing existence. In the present tense the conjugation is **HAY** (There is/are), and it doesn't change in singular or plural, the verb is always used as **HAY**. Don't worry about the "why" of it; just remember that you never have to worry about changing it the present tense.

Let's take a look at some examples:

- **En Buenos Aires hay bares.** (In Buenos Aires there are bars.)
- **En Buenos Aires hay un obelisco.** (In Buenos Aires there is an obelisk.)

HAY expresses existence for things that we don't really know. It is used in general. This is why we can't use it with Definite Pronouns (**El/La/Los/Las**) or with names.

For Example:

X Incorrect: ~~En Buenos Aires hay la Plaza de Mayo.~~

✓ Correct: **En Buenos Aires está la Plaza de Mayo.** (In Buenos Aires there is the Plaza de Mayo.)

Because we are talking about a specific thing (la Plaza de Mayo), we can't use **Hay**. If we wanted to use **Hay**, we could say: **Hay una plaza en Buenos Aires** (There is a plaza in Buenos Aires.)

This is because we are not talking about a specific plaza, we are just talking about a plaza in general.

We can use **HAY** with:

1. **Indefinite Pronouns (Un/unos/una/unas)**

   - **En Buenos Aires hay unos vinos muy Buenos provenientes de Mendoza y de San Juan.** (In Buenos Aires there are some very good wines from Mendoza and San Juan).

   - **En Buenos Aires hay una cancha de fútbol muy famosa, porque es la cancha de Boca, donde jugaba Maradona.** (In Buenos Aires there is a very famous football field because it is the stadium of Boca, where Maradona played).

2. **Numbers**

   - **En la ciudad de Buenos Aires hay 3 millones de habitantes.** (In Buenos Aires there are 3 million people).

3. **Adjectives of quantity (Mucho/a/s – Poco/a/s- Algunos/as- Demasiado/a/s-ningún/a)**

   - **En Buenos Aires hay muchos edificios. También hay muchos bares.** (In Buenos Aires there are many buildings. There are also many bars.)

   - **En Buenos Aires, lamentablemente no hay ningún río donde nadar, pero a poco tiempo de la ciudad hay un río donde van muchos porteños, el río de Tigre.** (In Buenos Aires, unfortunately there is no river to swim in, but close to the city is a river where many go, the Tigre River).

4. **Nouns without articles**

   - **En Buenos Aires hay jóvenes, adultos y ancianos.**

BEGINNING

Además hay eventos culturales y mucha vida nocturna. (In Buenos Aires there are young people, adults and seniors. There are also cultural events and nightlife).

Exercise Lesson 8

Ser, Estar, Haber

1. Mi patio _____ muy grande. _____ una piscina y una mesa de ping pong.

2. Este lago ____ lindo. ____ muchos peces.

3. En mi barrio ____ un shopping mall; el shopping _____ en la avenida.

4. Las 4 tazas _____ sobre la mesa. Además en la mesa _____ algunas cucharitas.

5. ¿Dónde _____ un banco?

6. ¿Dónde _____ el supermercado COTO?

7. ____ una tostadora acá si necesitas una, pero _____ muy vieja.

8. ¿_____ café en la alacena?

9. En la sala _____ Juan Manuel.

10. Ellas _____ mis primas.

Answers

1) es-Hay, 2) es-Hay, 3) hay-está, 4) están-hay, 5) hay, 6) está, 7) Hay-es, 8) Hay, 9) está, 10) son

Lesson 9

THE VERB "TENER"– TO HAVE (and more)

The verb **Tener** is translated as "To Have" in most cases, but not in all cases as it is used with some expressions in English that use the verb "To be". But more on that later, let's first take a look at how to conjugate **Tener**.

TENER

Yo **Tengo**

Vos **Tenés**

Ud./Él/Ella **Tiene**

Nosotros-Nosotras **Tenemos**

Uds./Ellos-Ellas **Tienen**

"TENER" Can be uses in the following ways:

1. Possessions

    a. **Miguel tiene un perro y dos gatos.** (Miguel has a dog and two cats.)

    b. **-¿Tenés una birome?** (Do you have a pen?)

    -Sí, claro. (Yes, of course.)

    c. **Nosotros no tenemos ningún televisor en nuestra casa.** (We don't have any TV in our house.)

BEGINNER

2. Age

You will notice that when we use **Tener** in reference to ages, it isn't translated directly to English.

¿**Cuántos años tenés?** (How old are you?) (Direct translation: How many years do you have?)

As you can see, in Spanish, an age is expressed as how many years "you have", not "how old you are."

-**Tengo** 26. ¿Y vos? (I'm 26 years old, and you?) (Direct Translation: I have 26 years.)

-**Tengo** 24 años. (I'm 24 years old.)

3. Expressions with "Tener". Tener + noun

- **Tener Hambre** (To be hungry) (Direct translation: To have hunger):

  "**Cuando no desayuno, tengo hambre**" (When I don´t eat breakfast, I'm hungry.)

- **Tener sed** (To be thirsty) (Direct translation: To have thirst):

  "**Después de hacer deporte, siempre tengo sed**" (After playing sports, I'm always thirsty.)

- **Tener Miedo** (To be afraid, to be scared) (Direct translation: To have fear):

  "**Cuando miro películas de terror, tengo miedo**" (When I watch horror films I'm scared.)

- **Tener Frío** (To be cold) (Direct translation: To have cold):

"Cuando hace menos de 10 grados, en Buenos Aires, **tenemos frío**"

(When it is less than 10 degrees in B.A, we are cold.)

- **Tener Calor** (To be hot) (Direct Translation: To have warmth):

    "**Si no prendo el aire acondicionado en verano tengo calor**" (If I don't turn on the air conditioning in summer I am hot.)

- **Tener sueño** (To be sleepy) (Direct translation: To have slumber):

"**A la hora de la cena en Buenos Aires, los turistas siempre tienen sueño, porque es muy tarde**". (At dinner time in B.A, the tourists are always sleepy, because it is too late.)

- **Tener Prisa** (To be in a hurry) (Direct translation: To have haste):

    "Si **tengo prisa,** tomo un taxi". (If I am in a hurry, I take a taxi.)

- **Tener suerte** (To be lucky) (Direct translation: To have luck):

    "**A Eduardo siempre le tocan buenas cartas, tiene suerte**". (Eduardo always gets good cards, he is lucky.)

- **Tener Razón** (To be right) (Direct translation: To have reason):

    "**No se puede discutir con Hugo, siempre piensa que tiene razón**" (You can't argue with Hugo, he always thinks he is right.)

BEGINNER

- **Tener un Resfrío** (To have a Cold):

    "**Diego no va a salir esta noche porque <u>tiene un resfrío</u>**" (Diego is not going out tonight because he has a cold.)

- **Tener Alergia** (To have an Allergy):

    "**En Primavera mucha gente <u>tiene alergia</u>**" (In the spring many people have allergies.)

- **Tener Cuidado** (Take care/Be careful):

    "**Cuando viajás con el subte lleno debés <u>tener cuidado</u> con tus cosas.**" (When you travel on a full subway you must be careful with your stuff.)

- **Tener Comezón** (To have an Itch):

    "**Si <u>tengo comezón</u> no me pongo ropa de lana.**" (If I have an itch, I don't put on wool clothing.)

- **Tener Vergüenza** (To be embarrassed) (Direct translation: To have shame):

    "**Bill <u>tiene vergüenza</u> de hablar español.**" (Bill is embarrassed to speak Spanish.

- **Tener Tos** (To have a cough):

    "**No es bueno fumar si <u>tenés tos</u>**" (Smoking is not good if you have a cough.)

- **Tener Dolor de** (to have pain) + Parte del cuerpo (part of body):

    "**<u>Tengo dolor</u> de cabeza.**" (I have a headache.)

BEGINNER

- **Tener Ganas de** (to feel like) (Direct translation: To have desires to) + **Verbin Infinitive**:

  "<u>**Tengo ganas**</u> **de mirar una película.**" (I feel like watching a movie.)

- **Tener que** (To have to. An Obligation) + **Verbo in Infinitive**:

  "**Mañana <u>tengo que</u> trabajar.**" (I have to work tomorrow.)

Exercise Lesson 9

Fill the blanks with the correct conjugation of "Tener" or with one expression with "Tener".

1. ¿_____ un cigarillo?

    Perdoname, _____ sólo uno, y voy a fumarlo.

2. A veces, por la noche, _____ de la oscuridad, entonces enciendo la luz.

3. Mi tía _____ 45 años.

4. _____ de muela. Necesito ir al dentista.

5. Esta casa _____ cuatro habitaciones. Todas _____ aire acondicionado.

6. Buen día Señor, ¿_____ cambio de 100 pesos?

7. Voy a llevar al nene a la cama, él _____.

8. Lo siento, mi marido y yo no podemos salir el sábado. _____ que trabajar en la casa.

9. ¿Podés abrir la ventana? _____.

10. A Facundo le tocaron preguntas muy fáciles en el examen;

_____

BEGINNER

Answers

1) Tenés – tengo, 2) tengo miedo, 3) tiene, 4) Tengo dolor, 5) tiene-tienen, 6) Tiene, 7) tiene sueño, 8) Tenemos que, 9) Tengo calor, 10) tiene suerte.

Lesson 10

QUESTIONS

Now it is time to learn how to ask questions in Spanish. Let's take a look at a few works that are associated with asking questions.

- **Quién, Quienes (Who):** In Spanish we have a singular and a plural word for who, and it depends if you are expecting one name as the answer or more than one. Ex: ¿Quién está en la cocina? Mi papá está en la cocina. ¿Quiénes son tus amigos? Marcos, Luis y Franco son mis amigos.

- **De quién (Whose):** It is a question that we use to know who owns something. ¿De quién es ese perro? Es de Martina.

- **Dónde (Where):** ¿Dónde está Barcelona? Barcelona está en España.

- **De dónde (From where):** We use it to ask about the origin of something or someone´s nationality. ¿De dónde es el sushi? El sushi es de Japón. (or "el sushi es japonés")

- **Cómo (How):** ¿Cómo habla español Natalie Portman? Ella habla muy bien español.

- **Qué (What):** ¿Qué es el chimichurri? Es una salsa Argentina que usamos en carne y choripanes. ¿Qué música te gusta? Me gusta el tango.

- **Cuál/cuáles (Which):** ¿Cuál es tu película favorita? Mi película favorita es Toy Story. ¿Cuáles son tus ciudades favoritas? Mis ciudades favoritas son Buenos Aires y Cuzco.

- **Cuándo (When):** ¿Cuándo es tu cumpleaños? Mi cumpleaños es el 11 de mayo.

- **Por qué (Why):** ¿Por qué estudiás español? Estudio español porque en mi trabajo necesito hablar otro idioma.

Qué vs. Cuál

There is always a lot of confusion around the difference between "qué" and "cuál", because in English we can ask, for example, "What is your name?" and not in Spanish.

Qué es: the question "qué es" is used to ask for a definition. For example: ¿Qué es un perro? Un perro es un animal con cuatro patas y una cola. ¿Qué es "locro"? Locro es una comida típica de Argentina.

Cuál es: the question "cuál es" implies a "selection" within a group. ¿Cuál es la capital de Italia? (Since there are tons of capitals in the world, you have to pick one) La capital de Italia es Roma. ¿Cuál es tu película favorita? Mi película favorita es "El Padrino".

- You can also use "qué" for a selection, but in that case you will need the noun after it.

    ¿Qué gaseosa (soda) preferís? Prefiero Seven Up.

Exercises Lesson 10

Ask a question for the underlined part of the sentence

1. <u>Marisa</u> prepara el desayuno.
2. Martín juega al fútbol <u>los martes y los jueves</u>.
3. Mi hermana estudia <u>ingeniería</u>.
4. Hay <u>5 gatos</u> en esa casa.
5. Delfina vive <u>con sus padres</u>.

6. Eric habla <u>muy bien</u> francés.

7. Tengo <u>un hermano</u>.

8. El lápiz es <u>de Federica</u>.

9. Los libros están <u>sobre la mesa</u>.

10. Un sándwich cuesta <u>25AR$</u>.

11. Siempre leo mis correos electrónicos <u>por la noche</u>.

12. Catalina cocina todas las mañanas <u>para los chicos del hospital</u>.

13. Los padres de Bart son <u>Homero y Marge</u>.

14. Elizabeth <u>es de Canadá</u>.

15. Oscar está <u>un poco enfermo</u> hoy.

16. Andrea es <u>baja, rubia y simpática</u>.

Answers

1) ¿Quién prepara el desayuno?, 2) ¿Cuándo juega al fútbol Martín?, 3) ¿Qué estudia tu hermana?, 4) ¿Cuántos gatos hay en esa casa?, 5) ¿Con quién vive Delfina?, 6) ¿Cómo habla francés Eric?, 7) ¿Cuántos hermanos tenés?, 8) ¿De quién es el lápiz?, 9) ¿Dónde están los libros?, 10) ¿Cuánto cuesta un sandwich?, 11) ¿Cuándo leés tus correos electrónicos?, 12) ¿Para quién cocina Catalina todas las mañanas?, 13) ¿Quiénes son los padres de Bart?, 14) ¿De dónde es Elizabeth?, 15) ¿Cómo está Oscar?, 16) ¿Cómo es Andrea?

BEGINNER

Exercise

Qué or Cuál-Cuáles

1. ¿_____es "Alfajor"?

    Un alfajor es una golosina hecha de dos galletitas con dulce de leche en el medio y cubierta de chocolate.

2. ¿_____alfajor preferís?

    Prefiero el de dulce de leche.

3. ¿_____es la moneda de Argentina? La moneda de Argentina es el peso.

4. ¿_____ tipo de libros te gustan?

    Mis favoritos son los de misterio.

5. ¿_____ son tus valijas?

    Mis valijas son la verde y la roja.

Answers

1) Qué, 2) Qué, 3) Cuál, 4) Qué, 5) Cuáles

Lesson 11

THE FUTURE TENSE

In this lesson we are going to learn about the simplest form of the future tense in Spanish. This form in English is "I'm going to...."

We can form it using the verb **IR (To Go) in the present tense + A + Verb in Infinitive**.

>Yo **Voy**
>
>Vos **Vas**
>
>Ud./Él/Ella **Va A Comer un Sandwich**
>
>Nosotros-Nosotras **Vamos**
>
>Ustedes/Ellos-Ellas **Van**

¿Qué <u>vas a hacer</u> el fin de semana*? (What are you going to do this weekend?)

In Argentina sometimes we refer to the weekend as "el finde"

<u>Voy a caminar</u> por san Telmo y mirar la feria. (I'm going to walk around San Telmo and watch the street market.)

We usually use this future tense form with the following expressions:

- **Mañana (Tomorrow)**

BEGINNER

Mañana Marcos y yo <u>vamos a trabajar</u> desde casa. (Tomorrow Marcos and I are going to work from home.)

- **Pasado mañana (The day after tomorrow)**

    No <u>voy a ir</u> a la clase de español pasado mañana. (I'm not going to attend to Spanish class the day after tomorrow)

- **El próximo fin de semana (Next weekend)**

    El próximo fin de semana <u>voy a ir</u> a La Boca para tomar algunas fotos. (Next weekend I'm going to go to La Boca to take some pictures.)

- **El fin de semana que viene (The next weekend)**

    El fin de semana que viene mis amigos y yo vamos a cenar en una Parrilla de Palermo. (Next weekend my friends and I are going to eat dinner at a Grill house in Palermo.)

- **El año que viene (The next year)**

    El año que viene mis padres <u>van a visitar</u> Bariloche. (Next year my parents going to visit Bariloche.)

- **En 2 años (In 2 years)**

    En 2 años voy a hablar español fluído. (In 2 years I'm going to speak fluent Spanish.)

- **En 2014 (In 2014)**

    En 2014 voy a recorrer Latinoamérica. (In 2012 I'm going to travel around Latin America.)

Exercise Lesson 11

1. Mis padres _____ (ir) a Mar del Plata el próximo fin de semana
2. Nosotras _____ (tomar) una clase de yoga mañana.
3. Si llueve, yo no _____ (salir) de mi casa.
4. ¿Vos _____ (venir) al teatro con nosotros?
5. Hernán y vos _____ (necesitar) comprar un auto cuando tengan niños.
6. El año que viene mi hijo _____ (viajar) a Ecuador para estudiar español.

Answers

1) van a ir, 2) vamos a tomar, 3) voy a salir, 4) vas a venir, 5) van a necesitar, 6) va a viajar

BEGINNER

Lesson 12

DEMOSTRATIVE ADJECTIVES

Demonstrative Adjectives indicate the distance of the object relative to the speaker. They change based on the gender of the object and whether it is singular or plural. Let's take a look at the demonstrative adjectives in Spanish.

- **esTE/esTA/esTOS/esTAS (This/These) – Something that is close in distance**

  Este auto es lindo. (This car is nice.)

  Esta casa tiene jardín. (This house has a garden.)

  Estos perros son buenos. (These dogs are good dogs.)

  Estas flores son Amapolas. (These flowers are poppies.)

- **esE/esA/esOS/esAS (That/Those) – Something of medium distance**

  Ese colectivo va a La Boca. (That bus goes to La Boca.)

  Esa chica es holandesa. (That girl is Dutch.)

  Esos "choripanes" son muy ricos. (Those sausage sandwiches are very tasty.)

  Esas empanadas son de carne picante. (Those are spicy meat "empanadas".)

- **aqueL/aqueLLA/aqueLLOS/aqueLLAS (That/Those overe there) – Far Distance**

42

Aquel restaurante es muy caro. (That restaurant is very expensive.)

Aquella casa es "La Casa Rosada". (That house is "The Pink House".)

Aquellos jóvenes toman mate. (Those youngsters are drinking mate.)

Aquellas edificaciones son de principios del siglo pasado. (Those buildings are from early last century.)

These are always in relation with the words aquí/acá (we can use both for "here"), ahí (there), and allí/allá (over there). (In Buenos Aires it is more common to use "Acá" and "Allá".)

Acá hay un vaso. Este vaso es muy bonito.

Ahí está la heladera. En esa heladera hay agua.

Allá está la tienda. En aquella tienda podemos comprar lápices.

Proximity can be spatial or temporal:

Aquellos años de universidad fueron maravillosos. (Those college years were wonderful.)

The following are "neutral" examples used when we don't know the object and therefore we don't know if it is male or female. You can think of it being replaced by "the thing".

BEGINNER

ESTO

ESO

AQUELLO

¿Qué es esto? (What is this?)

¿Esto es un libro de español? (This is a Spanish Book?)

Exercise Lesson 12

1. -¿Qué es _____ que está ahí?

    - Es una escultura que hizo mi hijo en la escuela.

2. Acá en mis manos tengo dos relojes. ¿Cuál preferís, _____ o _____ ?

3. _____ chicas que están al final del restaurante, son compañeras mías del trabajo.

4. - ¿Para quién es _____ nota que está sobre la mesa?

    - Es para mi novio, para que sepa que voy a llegar tarde hoy.

5. _____ colectivo (bus) que se ve allá, a lo lejos, debe ser el colectivo que esperamos.

Answers

1) eso, 2) este-este, 3) Aquellas, 4) esa, 5) Aquel

Lesson 13

HOW TO DEFINE POSSESSION

In this lesson we are going to take a look at the "possessives". "Possessives" define the possession of a noun. We have different types of possessives that are used depending on the gender and plurality of the noun. Let's take a look!

Note: if you have learned a little bit of Spanish before with the pronoun "Tú" instead of "Vos", you should notice that the possessives pronouns are the same for both (tú and vos).

The following are possessives that we use <u>before the noun.</u>

Mi/s

Tu/s

Su/s

Nuestro/a/s

Su/s

"Mi casa es azul." (My house is blue.)

"Sus libros son interesantes." (Her books are interesting.)
"Nuestros amigos son simpáticos." (Our friends are nice.)

There are others possessives that we use after the noun.

Mío/a/s

BEGINNER

Tuyo/a/s

Suyo/a/s

Nuestro/a/s

Suyo/a/s

"**Ella es amiga mía**". (She is my friend.)

"**La camisa suya es más linda**". (His shirt is nicer.)

When we need to know if something is from a person, or who is the owner, we use these possessives.

¿De quién esa esta camisa?, ¿Es tuya?

No es mía. Quizás es suya. (De Manuel, who is present right there)

We can also use the above possessives without the noun and to replace it. In that case you need the article (el, la, los, las) from the noun followed immediately by the above possessive pronouns.

"**Mi casa tiene cuatro ventanas.**" (My house has four windows.)

"**La mía dos**". (Mine has two.)

"**Mis alumnos tienen buenas notas. ¿Los tuyos?**" (My students have good grades. Yours?)

"**Los míos no**". (Mine don't.)

Exercise Lesson 13

1. Ellos son Gustavo y María. Ellos son _____ amigos.
2. Juan lee _____ libro de español.
3. Louis es mi amigo y también es tu amigo. Es_____ amigo.
4. Ellos tienen una casa en Florida. _____ casa es muy linda.
5. Yo soy de Nueva York. _____ ciudad es muy loca.
6. Ese piano lo compraste vos. Es_____.
7. - Mis ojos son verdes.

    -Los _____ son marrones.

8. - Mi departamento tiene dos baños.

    -_____ solamente uno.

9. Este grupo de música es malo. Esa es_____ opinión.
10. Carlos y Lucía, ¿Son _____ esas sillas?

Answers

1) mis, 2) su, 3) nuestro, 4) Su, 5) Mi, 6) tuyo, 7) míos, 8) El mío, 9) mi, 10) suyas.

BEGINNER

Lesson 14

THE VERB "GUSTAR": DO YOU LIKE?

"To Like" in Spanish is "Gustar", but the use of this verb is very different compared with others verbs. GUSTAR is part of a group of verbs that we call "Verbos con Objeto Indirecto" (Verbs with Indirect Object). Why are they different in comparison to other verbs? Let's take a look.

Firstly, these verbs need a pronoun. The Indirect Object pronouns **are** the following:

(A mí) **Me**

(A vos) **Te**

(A él/ella) **Le**

(A nosotros-as) **Nos**

(A ustedes/ellos-as) **Les**

You have to conjugate "Gustar" according to what you like. The thing you like is the Subject.

For example: **Las Manzanas: (ellas) gustaN. El Vino: (él) gusta.**

So, if we want to say, "I like wine" we say:

- **Me gusta el vino.**

You will notice this can be a little strange and get confusing. The best way to think about it is to realize that "Gustar" is directly translated as "to fancy something." So when you say "**Me gusta el vino**", you are really saying "Wine fancies me.". If you think of it this way, it will be much easier to understand. The object is doing an action to you. The objects are "fancying you".

"I like apples" = **Me gustan las manzanas.** "Apples fancy me."

If you want to say you like something that is a verb, you will use Gustar in singular and the verb in Infinitive.

Me gusta bailar tango. (I like to dance tango.)

Me gusta estudiar español. (I like to study Spanish.) Let´s take a look again at the indirect pronouns:

(A mí) **Me**

(A vos) **Te**

(A él/ella) **Le**

(A nosotros-nosotras) **Nos**

(A ustedes/ellos-ellas) **Les**

You are probably asking, "What are those things in the parenthesis? (A mí, etc.). These are useful for three reasons:

1. When we are speaking about a third person, we don't know about whom we are speaking. So, we need to be very specific:

    - <u>**A Juan** le gusta la carne.</u> <u>**A mis amigos** les gusta salir</u>.
    (Juan likes meat)/(My friends like to go out)

2. The question: Who likes... in Spanish is ¿**A quién le gusta... el tango?** (Who likes tango?)

BEGINNER

- So, we have to answer: **A mí me gusta** (I like) / **A nosotros nos gusta** (We like) / **A Adriana Varela le gusta.** (Adriana Varela likes it.)

3. When we agree with someone about liking something, if it is positive, we have to say "**A mí también**" (me too) or "**A mí tampoco**" (me neither) when this is negative.

For example

"**Me gusta el fútbol**"(+) (I like football)

"**A mí también**" (+) (Me Too)

"**A mí no**" (-) (I don't) or

"**No me gusta el fútbol**" (-) (I don't like football)

"**A mí tampoco**" (-) (Me either)

"**A mí sí**" (+) (I do)

***(With common verbs you say "yo también", "yo tampoco" instead of "a mí")

Other Verbs used like GUSTAR

- **INTERESAR** (I´m interested in):

Me interesa la cultura de Buenos Aires/ Me interesan los problemas sociales. (I´m interested in the culture of Buenos Aires)/ (I´m interested in the social problems.)

- **ENCANTAR** (To love):

Me encanta el mate/ Me encantan las calles de San Telmo. (I love mate.)/(I love the streets of San Telmo.)

- **MOLESTAR** (To Bother/Annoy):

Me molesta el subte lleno por la mañana/ Me molesta la caca de perro en las calles. (The crowded subway in the morning bothers me.)/ (The dog poop on the street bothers me.)

Exercise Lesson 14

Complete the next sentences with "gustar", "encantar", "interesar" or "molestar"

1. A mi amigo _____ el verano, pero no _____ las playas llenas de gente.

2. _____ los mosquitos. Por la noche no me permiten dormir.

3. Mi amigo y yo tenemos gustos similares. _____ las mismas cosas.

4. Me encanta el pop, por eso _____ Madonna.

5. - ¿A vos _____ el tango?

    - No sé, nunca escuché tango.

6. A los políticos _____ la política. A mí, no _____.

7. A ustedes _____ mucho el Caribe. Van cada año.

Answers

1) le gusta-le gustan, 2) Me molestan, 3) Nos gustan, 4) Me encanta, 5) te gusta, 6) les interesa-me interesa, 7) les gusta.

BEGINNER

Lesson 15

IRREGULAR VERBS IN THE PRESENT TENSE

The present tense has some irregular verbs. It is impossible to know what verb is going to be irregular or not as they are completely random and have no formula to them. It will just take some time to remember each verb that is irregular in the present tense and incorporate them into your vocabulary.

To make the job easier we are going to group the verbs into groups with the same irregularity. Remember that you have to use the endings AR-ER or IR according the verb.

1. **Verbs that change from e to IE in the root. (In all forms with the exception of Vos and Nosotros)**

Mentir

> Yo Miento
>
> Vos Mentís
>
> Ud./Él/Ella Miente
>
> Nosotros-as Mentimos
>
> Uds./Ellos-as Mienten

Mentir (to lie), **Querer** (to want/to love), **Pensar** (to think), **Hervir** (to boil), sentir (to feel), **Preferir** (to prefer), **Nevar** (to snow)

2. **Verbs that change from e to I in the root. (In all forms**

with exception of Vos and Nosotros)

Pedir

    Yo Pido

    Vos Pedís

    UD./Él/Ella Pide

    Nosotros-as Pedimos

    Uds./Ellos-as Piden

Pedir (to order/to ask for something), **Servir** (to serve), **Repetir** (to repeat).

3. **Verbs that change from o to UE in the root. (In all forms with exception of Vos and Nosotros)**

Dormir

    Yo Duermo

    Vos Dormís

    Ud./Él/Ella Duerme

    Nosotros-as Dormimos

    Uds./Ellos-as Duermen

Dormir (to sleep), **Costar** (to coast), **Llover** (to rain), **Poder** (can/may/to be able to), **Jugar** (to play)

4. **Verbs that add Y in the root. (In all forms with the exception of Vos and Nosotros)**

Distribuir

>Yo Distribuyo

>Vos Distribuís

>Ud./ÉL/Ella Distribuye

>Nosotros-as Distribuímos

>Uds./Ellos-as Distribuyen

Distribuir (to distribute), **Concluir** (to conclude), **Destruir** (to destroy), **Influir** (to influence), **Construir** (to build)

5. Verbs only Irregular in first person (Yo).

>**Ver**: Veo

>**Poner**: Pongo

>**Hacer**: Hago

>**Conocer**: Conozco

>**Conducir**: Conduzco

>**Producir**: Produzco

>**Traer**: Traigo

>**Caer**: Caigo

>**Dar**: Doy

6. Irregular Verbs in "yo" and other irregularities.

Tener (To have)

Yo Tengo

Vos Tenés

Ud./Él/Ella Tiene

Nosotros-as Tenemos

Uds./Ellos-as Tienen

Decir (To say)

Yo Digo

Vos Decís

Ud./Él/Ella Dice

Nosotros-as Decimos

Uds./Ellos-as Dicen

Venir (To Come)

Yo Vengo

Vos Venís

Ud./Él/Ella Viene

Nosotros-as Venimos

Uds./Ellos-as Vienen

Oir (To hear)

Yo Oigo

BEGINNER

Vos Oís

Ud./Él/Ella Oye

Nosotros-as Oímos

Uds./Ellos-as Oyen

Exercise Lesson 15

1. Normalmente yo (dormir) _____ siete horas, pero mi novio (dormir) _____ ocho horas o más.

2. Marisa (invertir) _____ su dinero en bienes raíces, yo, en cambio (invertir) _____ en la bolsa de valores.

3. Las azafatas (servir) _____ la comida en los aviones y también se ocupan de la seguridad.

4. Yo no (venir) _____ al centro de la ciudad en auto, porque hay demasiado tráfico. (Preferir) _____ venir en subte.

5. Yo no (conocer) _____ a Federico Luppi, ¿Vos lo (conocer) _____?

6. Mi hijo de 3 años (construir) _____ castillos de arena en la playa, pero luego los (destruir) _____.

7. En Buenos Aires (llover) _____ mucho en Invierno, pero no (nevar) _____.

8. Mi hermano (decir) _____ muchas malas palabras, yo no (decir) _____ malas palabras, porque no es educado.

9. Yo (hacer) _____ muchos deportes. (Jugar) _____ al fútbol, al tenis, al golf y también (hacer) _____ natación.

10. Si tomo gin-tonic le (poner) _____ lima.

Answers

1) duermo-duerme, 2) invierte-invierto, 3) sirven, 4) vengo-prefiero, 5) conozco-conocés, 6) construye-destruye, 7) llueve-nieva, 8) dice-digo, 9) hago-Juego-hago, 10) pongo

BEGINNER

Lesson 16

REFLEXIVE VERBS

In this lesson we are going to introduce Reflexive Verbs. These verbs are interesting verbs because in the dictionary you will find them with a pronoun at the end, for example "**ducharse**" (to shower) or "**cepillarse**" (to brush).

A Reflexive Verb is an action that we do that is received by our body. It is a "Reflection" of the action. For example: I can wash my car "**Lavo mi auto**" (non reflexive because we are washing something else: the car) or I can wash my hands "**Me lavo las manos**" (it is reflexive because we are washing ourselves).

The Reflexive Verbs always use a pronoun before the verb, with the exception of in the Infinitive or the Gerund (we will learn about the gerund in the intermediate course!) when it can go at the end.

Pronouns

(Yo) **Me**

(Vos) **Te**

(Ud./Él/Ella) **Se**

(Nosotros-as) **Nos**

(Uds./Ellos-as) **Se**

Typical Reflexive Verbs

Ducharse (to take a shower), **Bañarse** (to take a bath), **Despertarse** (to get up), **Levantarse** (to wake up), **Mirarse al espejo** (to look yourself in the mirror), **Vestirse** (to dress), **Desvestirse** (to undress), **Cepillarse** los dientes/el pelo (to brush the teeth/ the hair), **Peinarse** (to comb), **Maquillarse** (to put on makeup), **Afeitarse** (to shave), **Lavarse partes del cuerpo** (to wash parts of the body), **Acostarse** (to go to bed), **Ponerse** (to put on), **Quitarse** (to take off), **Arreglarse** (to get ready), **Dormirse** (to fall sleep), **Cuidarse** (to take care).

Let's read a routine that will help us understand reflexive verbs, learn some vocabulary and learn some more about the use of time. Examples regarding time will be in **bold** and every use of reflexive verbs will be in **underlined.**

<u>Me levanto</u> **a las siete y media** (7.30 hs.), **primero** <u>me ducho</u>, <u>me cepillo</u> los dientes y <u>me visto</u>. Nunca <u>me maquillo</u> porque no tengo tiempo. **Luego** desayuno, generalmente mate con tostadas. **A las ocho en punto** (8 hs.) salgo de mi casa. Tomo el colectivo y llego al trabajo **alrededor de las nueve menos cuarto** (8.45 hs.). Soy profesora de español en una escuela de idiomas. Las clases comienzan **a las nueve** (9 hs.) y terminan **a la una** (1h.). **Después de** la clase almuerzo y a la tarde doy algunas clases privadas. Regreso a casa **a eso de las seis y media** (6.30hs.), meriendo y **después** trato de hacer algo de ejercicio. Leo mis mails y miro un poco la tele. Ceno con mi novio **a las nueve** (9 hs.), miramos alguna película o conversamos y <u>nos acostamos</u> **cerca de las doce de la noche** (24hs.).

BEGINNER

I get up at half past seven (7.30 hrs.), firstly I shower, brush my teeth and get dressed. I never put on makeup because I have no time. After that, I have breakfast, usually mate and toast. At eight o'clock (8 hrs.) leave my house. I take the bus and get to work around a quarter to nine (8.45 hrs.). I teach Spanish at a language school. Classes begin at nine (9 hrs.) and end at one (1 hr). After the class, I have lunch and in the afternoon I give some private lessons. I come home at about half past six (6.30 hrs.) I eat a snack and then I try to do some exercise. I read my mail and watch some TV. I eat dinner with my boyfriend at nine (9 hrs.) We watch a movie or talk and we go to bed at about twelve o'clock at night (24hs.).

Exercise Lesson 16

1. Las mujeres europeas (maquillarse) _____ bastante cuando salen.

2. Si voy a una boda (ponerse) _____ ropa elegante.

3. Nosotros (acostarse) _____ temprano, porque tenemos que (despertarse) _____ a las 6.

4. ¿Vos (lavarte) _____ las manos antes de comer?

5. Javier (quitarse) _____ las lentes de contacto antes de acostarse.

6. Cuando no puedo (dormirse) _____, leo un libro en la cama.

7. Si querés (cuidarse) _____ la piel, necesitás (ponerse) _____ cremas.

8. Mi marido nunca (afeitarse) _____ los fines de

semana.

9. Iván es muy narcicista, siempre (mirarse) _____ al espejo.

10. Yo (ducharse) _____ a la mañana, pero algunas personas prefieren (ducharse) _____ a la noche.

Answers

1) se maquillan, 2) me pongo, 3) nos acostamos –despertarnos, 4) te lavás, 5) se quita, 6) dormirme, 7) cuidarte-ponerte, 8) se afeita, 9) se mira, 10) me ducho-ducharse.

BEGINNER

Lesson 17

COMMON EXPRESSIONS IN PRESENT TENSE

Frequency Expressions

¿Con qué frecuencia + verbo conjugado? (How often…?) or ¿Cada cuánto + verbo conjugado?

Example: ¿Con qué frecuencia vas al cine?/¿Cada cuánto vas al cine? (How often do you go to the cinema?)

- Todos los días (Everyday)
- Casi todos los días (Almost Every Day)
- Siempre (Always)
- Casi siempre (Almost Always)
- Nunca (Never)
- Casi nunca (Hardly Ever)
- En general (In General)
- Usualmente (Usually)
- A veces (Sometimes)
- De vez en cuando (Once in a while)
- Una vez por….(mes, semana, año, día) (Once a month, week, year, day)
- Dos veces por…(mes, semana, año, día) (Twice a month, week, year, day)
- Día por medio (Every Other Day)

- Cada dos días (Every Two Days)
- <u>Los</u> lunes, martes, miércoles, jueves, viernes, sábados, domingos. (On Mondays…)
- Raramente (Rarely)
- De lunes a viernes (From Monday to Friday)
- Los fines de semana (On weekends)

BEGINNER

Lesson 18

THE PAST TENSE: "PRETÉRITO INDEFINIDO"

In this lesson we are going to take a look at a specific past tense called the Pretérito Indefinido (the other common past tense, the "Pretérito Imperfecto" is covered in the Intermediate Lessons). We use this specific past tense if **the action or event only happened once and did not take up that much time.**

Some common expressions we use it with are:

- **Ayer** (Yesterday)
- **Anteayer** (The day before yesterday)
- **Anoche** (Last Night)
- **La semana pasada** (Last Week)
- **El fin de semana pasado** (Last Weekend)
- **El (name of the day) pasado** (F.E: Last Monday)
- **En 1994** (In 1994)
- **Hace # años** (2 years ago)

We are going to start with 4 very popular Irregular Verbs in a conversation: SER/IR/HACER/ESTAR. **Tú** and **Vos** have the same conjugation in this tense.

SER/IR (To Be/To Go)

    Yo **fuí**

    Vos **fuiste**

Ud./Él/Ella **fue**

Nosotros-as **fuimos**

Uds./Ellos-as **fueron**

ESTAR (To Be)

Yo **estuve**

Vos **estuviste**

Ud./Él/Ella **estuvo**

Nosotros-as **estuvimos**

Uds./Ellos-as **estuvieron**

HACER (To Do)

Yo **hice**

Vos **hiciste**

Ud./ÉL/Ella **hizo**

Nosotros-as **hicimos**

Uds./Ellos-as **hicieron**

Let's take a look at it in a conversation:

Eric: *Sole, ¿Qué **hiciste** ayer? (What did you do yesterday?)*

BEGINNER

Sole: *Ayer estuve en la casa de Sandra,* **tomamos** *mate y después* **fuimos** *al cine. (Yesterday I was at Sandra's house, we drank mate and went to the movies afterwards.)*

The Regular Verbs: Examples of AR –ER - IR:

Caminar (To Walk)

    Yo cami**né**

    Vos cam**inaste**

    Ud./Él/Ella camin**ó**

    Nosotros-as camin**amos**

    Uds./Ellos-as camin**aron**

Comer (To Eat)

    Yo com**í**

    Vos com**iste**

    Ud./Él/Ella com**ió**

    Nosotros-as com**imos**

    Uds./Ellos-as com**ieron**

Salir (To Go Out)

    Yo sal**í**

    Vos sal**iste**

Ud./Él/Ella sal**ió**

Nosotros sal**imos**

Uds./Ellos-as sal**ieron**

For some practice, try to answer the following questions:

- **¿Dónde naciste?** (Where were you born?)
- **¿Cuándo llegaste a Buenos Aires?** (When did you arrive to B.A?)
- **¿Con quién viajaste la última vez?** (With whom did you travel the last time?)
- **¿Dónde estuvieron tus amigos el fin de semana?** (Where were your friends last weekend?)
- **¿Qué cenaste anoche?** (What did you eat for dinner last night?)
- **¿Qué estudiamos la clase pasada?** (What did we study last class?)

In the intermediate course we will take another look at the "Pretérito Indefinido" and when you should use it compared to the "Pretérito Imperfecto". As you start speaking more Spanish, this becomes a confusing topic to many students, but at this point there is no need to confuse you more!!

Exercise Lesson 18

Fill the space. Use the same word than in the present sentence.

1. Los fines de semana siempre salgo. El fin de semana pasado no _____.

BEGINNER

2. Generalmente en mi casa cenamos tarde, pero ayer _____ temprano porque había visitas.

3. Los domingos mi mamá suele hacer pastas, pero el domingo pasado _____ pollo con papas al horno.

4. Vero vive en Buenos Aires, pero entre 2006 y 2010, _____ en Dublin.

5. Ellos van al gimnasio de lunes a viernes, pero el miércoles no _____ porque fue feriado.

6. Pierre siempre está en su casa a la noche, pero ayer _____ en una fiesta.

7. Vos estudiás mucho, pero para el último examen no _____.

8. Vos y yo llegamos usualmente temprano a clase, pero ayer vos _____ tarde.

Answers

1) salí, 2) cenamos, 3) hizo, 4) vivió, 5) fueron, 6) estuvo, 7) estudiaste, 8) llegaste

Lesson 19

THE PAST TENSE: PRETÉRITO PERFECTO COMPUESTO

NOTE about Lesson 19: We are learning here "Spanish in the way that a Porteño (a person from BA) speaks". In Buenos Aires the people don´t use this tense that you are going to see here. When we should be using this tense we use "Pretérito Indefinido". For example: If a person from Bolivia would say: "Esta mañana he comido huevos", we will say: "Esta mañana comí huevos".

So, you can take a look to this tense, but it is not necessary if you want to talk like Porteño, we should only use Indefinido instead of it.

The "Pretérito Perfecto Compuesto" (don't worry, it is not as complicated as it sounds!) is a past tense that is used to describe an action that happened in the past but has not finished and also when we don't know when something happened exactly. An example in English would be "Have you been to Florida?" (We don't know or haven't defined when something happened) or "I have been feeling really sad this past week" (The action started in the past but is still continuing).

The conjugations are:

"Haber" in Present + Past Participle

Yo He

BEGINNER

Tú/Vos Has

Usted/Él/Ella Ha

Nosotros-as Hemos

Ustedes/Ellos-as Han

+ PAST PARTICIPLE

Cant**ar**: Cant**ado**

Com**er**: Com**ido**

Viv**ir**: Viv**ido**

The Perfect tense is used:

1. **When we are speaking about a past that is started but has not finished.**

With expressions like:

- Últimamente (Lately)
- Este año (This Year)
- Este mes (This Month)
- Hoy (Today)

Example: **He visto muchos animales en la calle este mes.** (I have seen a lot of animals in the street this month.)

2. **When we don´t know when something happened exactly:**

- ¿<u>Has visto</u> "Terminator"? (Have you seen Terminator?)

- Sí, la <u>he visto</u> 3 veces. (Yes, I have seen it three times.)

3. Also, usually we use this tense with "alguna vez" (ever) and "nunca" (never):

   -¿Alguna vez <u>has comido</u> ranas? (Have you ever eaten frogs?)

   -No, nunca <u>he comido</u> ranas./No, no <u>he comido</u> ranas nunca./ But: ~~No, he nunca comido~~. (No, I have never eaten frogs.)

There are some Irregular Verbs as well:

- Escribir: **Escrito**
- Morir: **Muerto**
- Decir: **Dicho**
- Hacer: **Hecho**
- Ver: **Visto**
- Poner: **Puesto**
- Descubrir: **Descubierto**
- Abrir: **Abierto**
- Volver: **Vuelto**

Exercise Lesson 19

1. ¿Algunas vez (estar, vos) _____ en Bariloche?
2. Mi amigo y yo nunca (volver) _____ borrachos a casa.
3. De joven, (escribir, yo) _____ muchos poemas.
4. ¿Quién (ser) _____ una persona influyente para vos?
5. Este año, (llover) _____ mucho.

BEGINNER

6. ¿Dónde (estar, ustedes) _____ toda la semana? Casi no los _____ (ver, yo).

7. Muchas veces (hacer, yo) _____ la tarea sin ayuda.

8. ¡Mamá!, ¿Dónde (poner, vos) _____ mi camisa?

Answers

1) has estado, 2) hemos vuelto, 3) he escrito, 4) ha sido, 5) ha llovido, 6) han estado-he visto, 7) he hecho, 8) has puesto

Lesson 20

IRREGULARS IN THE "PRETÉRITO INDEFINIDO" PAST TENSE

Sadly, for Spanish students, the preterit tense has a lot of Irregular verbs. We are going to start looking at the simplest irregular verbs and will group them in groups with the same irregularity.

1. **Verbs that change from e to I in the root in the third person. For example:**

   Pedir (to ask for something)

   Yo Pedí

   Vos Pediste

   Ud./Él/ella Pidió

   Nosotros-as Pedimos

   Uds./ellos-as Pidieron

Other verbs in the same group: **mentir** (to lie), **despedir** (to say goodbye), **preferir** (to prefer), **server** (to serve), **vestirse** (to dress)

2. **Verbs that change from O to U in the root in the third person. For example:**

   Dormir (to sleep)

   Yo Dormí

BEGINNER

Vos Dormiste

Ud./Él/ella Durmió

Nosotros-as Dormimos

Uds./ellos-as Durmieron

Other verbs: **Morirse** (to die), **Dormirse** (to fall sleep)

3. **Verbs that change from I to Y on the ending in the third person. For example:**

    Leer (to read)

    Yo Leí

    Vos Leíste

    Ud./Él/ella Leyó

    Nosotros-as Leímos

    Uds./ellos-as Leyeron

Other Verbs: Caerse **(to fall)**, creer **(to believe)**, incluir **(to include)**, influir **(to influence)**, concluir **(to conclude)**

4. **Verbs that eliminate the e in the root in the third person. For example: Reirse (to laugh).**

    Yo Reí

    Tú/Vos Reíste

    Ud./Él/ella Rió

    (Reió) Nosotros-as Reímos

Uds./ellos-as Rieron (Reieron)

Other Verbs: **Freír** (To fry), **sonreír** (to smile)

Exercise Lesson 20

1. La cena de anoche (ser) _____ barata, porque el precio (incluir) _____ las bebidas.
2. Anoche yo (dormirse) _____ a las 10, pero Tomy (dormirse) _____ alrededor de las 12.
3. A Christina le duele la pierna porque (caerse) _____ en la calle.
4. Ellos le (mentir) _____ a la maestra, por eso el director los suspendió.
5. Muchas personas (morir) _____ durante esa guerra.
6. Cuando el abuelo contó esa historia, yo no (reírse) _____, pero Julio sí _____ (reírse).
7. La conferencia (concluir) _____ antes de las 10.
8. Mis padres (invertir) _____ todo su dinero en tierras en Mendoza.
9. El ganador del premio (leer) _____ un discurso de agradecimiento.
10. En la fiesta, todos (divertirse) _____ mucho.

Answers

1) fue-incluyó, 2) me dormí-se durmió, 3) se cayó, 4) mintieron, 5) murieron, 6) me reí-se rió, 7) concluyó, 8) invirtieron, 9) leyó, 10) se divirtieron

BEGINNER

Lesson 21

VERY IRREGULARS IN THE "PRETÉRITO INDEFINIDO" PAST TENSE

The following verbs are verbs that are very irregular in the Pretérito Indefindo past tense. When these verbs are in the Pretérito Indefindo past tense, we change the root of the verb.

Let's take a look:

- Estar=**estuv**
- Caber=**Cup**
- Poner=**Pus**
- Hacer=**Hic/z**
- Saber=**Sup**
- Querer=**Quis**
- Tener=**Tuv**
- Venir=**Vin**
- Poder=**Pud**
- Haber=**Hub**
- Andar=**Anduv**

And these verbs use the next endings:

e, iste, o, imos, ieron

For example: Yo quise, Vos quisiste, Usted-Él-Ella quiso, Nosotros-as quisimos, Ustedes-Ellos-Ellas quisieron.

*The third person singular of "Hacer" is Hizo.

There is another list of verbs, similar to the before list, but the 3th person plural has a different ending: ERON

- Traer: **Traj**
- Traducir: **Traduj**
- Decir: **Dij**
- Conducir: **Conduj**
- Producir: **Produj**
- Reducir: **Reduj**

For Example: Yo dije, Vos dijiste, Usted-Él-Ella dijo, Nosotros-as dijimos, Ustedes-Ellos-as dijeron.

DAR is a particular verb because it uses the endings of ER-IR, instead of AR.

Yo dí, Vos diste, Él dio, Nosotras dimos, Ellas dieron

Exercise Lesson 21

1. Ayer Sebastián (tener que) _____ trabajar, por eso no _____ (poder) salir. Por suerte yo no (tener que) trabajar, entonces (poder) _____ salir.

2. Cuando les conté a mis padres la noticia, ellos (decir) _____ que estaban muy contentos.

3. Para mi cumpleaños (ponerse) _____ un vestido celeste y zapatos de taco.

BEGINNER

4. Estoy enojada con ustedes, porque no (hacer) _____ la tarea.

5. El sábado pasado Mariano tomó mucho alcohol, y por eso no (poder) _____ conducir, así que (conducir) _____ su novia.

6. Nosotros no (querer) _____ ir a cenar a un restaurante anoche, porque (haber) _____ un programa de televisión muy interesante, así que (estar) _____ en casa.

7. El año pasado mi madre me (traer) _____ muchos regalos de sus vacaciones en Europa.

8. Muchos estudiantes no (venir) _____ a clases anteayer, porque (haber) _____ paro de subtes.

9. ¿Le (dar-vos) _____ propina al hombre que nos ayudó con las maletas?

10. No sé si (hacer-yo) _____ bien el examen, porque no (saber) _____ contestar la última pregunta.

Answers

1) tuvo que-pudo-tuve que-pude, 2) dijeron, 3) me puse, 4) hicieron, 5) pudo-condujo, 6) quisimos-hubo-estuvimos, 7) trajo, 8) vinieron-hubo, 9) diste, 10) hice-supe.

Lesson 22

YA VS. TODAVÍA

Something that a lot of Spanish students get confused with is the use of **Ya** vs. **Todavía**.

Ya = already, anymore, by now, before, beforehand, "in a short time"

Todavía = still

Let's take a look at how we use these two important words.

In The Present

YA + PRESENT

- Something that I used to do, but I stopped doing: "**Ya no fumo en los bares de Buenos Aires porque ahora está prohibido**" (I don't smoke in bars in Buenos Aires anymore because it is prohibited.)

- "Ya" also means "in a short time". It is very common on shop signs: "Ya regreso"/"Ya vuelvo" (Be right back).

TODAVÍA + PRESENT

- Something that I used to do, and I continue doing: "**Todavía vivo en la misma casa**". (I still live in the same house.)

- Something that I don't do, but I am going to do it: "**Todavía no hablo fluído español**" (I don't speak fluid Spanish yet.)

BEGINNER

In the Past

YA + PAST

- Something that I already did: **"Ya probé el mate."** (I already tried mate.)

TODAVÍA + PAST

- Something that I didn´t do yet, but I want to do it: **"Todavía no visité el Calafate"**. (I still haven't visited El Calafate.)

Exercise Lesson 22

1. -¿_____visitaste el museo de arte moderno?

   -No, _____no lo visité.

2. - ¿Continúas trabajando en Farmacity?

   - No, _____ no trabajo ahí.

3. - Mozo, ¿Puede traerme una copa más?

   - Sí, claro, _____ se la traigo.

4. - ¿John puede hablar bien español?

   - Sí, pero _____no conoce el subjuntivo.

5. - José se pelea mucho con sus padres. Tiene 28 años y _____ vive con ellos.

Answers

1) Ya-todavía, 2) ya, 3) ya, 4) todavía, 5) todavía.

Lesson 23

TIME EXPRESSIONS

Let's take a look at time expressions, which are very useful to speak about our life. These expressions are very common when we read resumes or when we speak about biographies. We will study the expressions reading Lionel Messi's biography from Wikipedia.

- **De… A (from… to)**: "La temporada **de 2008 a 2009** fue la de su consagración como mejor jugador del mundo".

- **Desde… Hasta (from…until)**: "**Desde** el 2009 **hasta** el 2010, Messi consiguió unos registros goleadores históricos, anotando 47 goles en toda la temporada, de los cuales 34 fueron en la competición de liga."

- **Al año siguiente (the following year)**: "Su debut en un partido oficial llegó **al año siguiente**, en la temporada 2004/2005"

- **Durante (during)**: "Su gran avance fue **durante la temporada 2006/07**, donde pasó a formar parte del cuadro titular".

- **Empezar A + Infinitive Verb (to start to + infinitive verb)**: "Leo Messi **comenzó a jugar** al fútbol a una edad joven".

- **Desde +Date+ Present (from + date + present tense)**:"**Desde** 2009 es considerado «el mejor jugador del mundo»".

- **Hace +Duration + Past Tense (….years ago + past tense)**: "**Hace 11 años lo vió** por primera vez el Club

BEGINNER

Barcelona".

- **Hace + Duration + Present Tense (since + years ago + present)**: "Juega en la selección hace 6 años"
- **Actualmente (Currently)**: "Messi es un jugador destacado de la Selección Argentina, donde actualmente se desempeña como Capitán del equipo".

Let's take a look at part of the Wikipedia entry for Messi. This time we are not going to translate it to English, so try you best to understand what it all means!

Lionel Andrés Messi nació en Rosario, Santa Fe, Argentina, el 24 de junio de 1987, es conocido también como Leo Messi "La Pulga". Juega como delantero en el FC Barcelona de la Primera División de España, y en la Selección de fútbol de Argentina, de la cual es también capitán.

Desde 2009 es considerado «el mejor jugador del mundo». Recibió el premio al Mejor Jugador del Mundo de la FIFA y el Balón de Oro en 2009. Por su habilidad y estilo de juego lo han comparado con la leyenda del fútbol Diego Armando Maradona, que declaró al mismo Messi como su «sucesor». Messi ha batido diversos récords con el Fútbol Club Barcelona, dado que es el segundo máximo goleador de la historia del club. Además de la nacionalidad argentina, desde el año 2005 posee también la española.

Leo Messi **comenzó a jugar al fútbol** a una edad joven y **hace 11 años lo vió por primera vez** el Club Barcelona. Dejó Rosario — mientras jugaba en las inferiores del Club Atlético Newell's Old Boys — y se trasladó a Europa a los 13 años junto con su familia, donde el Barcelona le ofreció pagar los gastos de una enfermedad hormonal (900 USD por mes) que padecía y que lamentablemente el club River Plate por ese entonces no pudo pagar. Realizó su debut en el primer equipo del FC Barcelona en diciembre de 2003 en un partido amistoso ante el FC Porto entrenado por José Mourinho. **su debut en partido oficial llegó al año siguiente, en la temporada 2004/2005,** en un partido de liga ante el RCD Espanyol. Messi se convirtió en esa temporada en el jugador más joven del Barcelona en jugar un partido de la Primera División de la Liga Española (16 años). El Barcelona acabó ganando la Liga 2004/05, y al año siguiente el club consiguió la Liga de Campeones de la UEFA 2005/06. Su gran avance fue **durante la temporada 2006/07,** donde pasó a formar parte del cuadro titular.

La temporada **de 2008 a 2009** fue la de su consagración como mejor jugador del mundo del momento, el Barcelona conseguiría esa temporada el triplete, y Messi anotó un total de 38 goles. **Desde** el 2009 **hasta** el 2010, Messi consiguió unos registros goleadores históricos, anotando 47 goles en toda la temporada, de los cuales 34 fueron en la competición de liga. De este modo acabó llevándose el Botín de Oro.

Messi es un jugador destacado de la Selección Argentina, donde **actualmente** se desempeña como Capitán del equipo. En 2006 llegó a ser el jugador más joven de la Selección Argentina en asistir a una Copa Mundial de Fútbol, con la cual ganó el subcampeonato en la Copa América 2007. En 2008, en los Juegos Olímpicos de Pekín, consiguió su primer honor internacional, una Medalla de Oro. Juega en la Selección hace 11 años.

BEGINNER

Exercise Lesson 23

1. Te esperé en el bar _____ las 7.

2. _____ una semana estuve en Colombia.

3. Hubo muchos aplausos _____ la conferencia.

4. _____ marzo _____ junio, estuve haciendo un curso de música en Cuba.

5. Fuma _____ los 17 años. Debería dejar el cigarrillo.

6. No he visto a Marcos _____ que nos graduamos.

7. Toca el piano _____ 15 años.

8. _____ 10 meses que no voy al dentista.

Answers

1) hasta, 2) Hace, 3) durante, 4) Desde-hasta/de-a, 5) desde, 6) desde, 7) hace, 8) Hace

Lesson 24

BASIC PREPOSITIONS IN SPANISH

We are going to take a look at some basic prepositions common in Spanish: **A, En, De, Con, Por, Para.** We are not going to see all of their uses, but their most popular uses.

1. **A:**

    <u>We use **A** always with verbs that indicate movements, because **A** indicates direction</u>:

    - **IR A: <u>Voy a</u> la escuela en taxi.** (I'm going to the school by taxi).

    - **VIAJAR A: Este avión <u>viaja</u> a Iguazú.** (This airplane travels to Iguazú).

    - **MUDARse A: Juan se quiere <u>mudar a</u> Mendoza porque es una ciudad más tranquila.** (Juan wants to move to Mendoza because is a more relaxed city).

    - **ENTRAR A: <u>Entré a</u> un cine.** (I entered a cinema.)

    <u>It could mean the destination of an action or thing</u>:

    - **Le pedí la <u>cuenta al</u>* mozo.** (I asked for the bill from the waiter).

    - **Le doy la <u>tarea a</u> la profesora.** (I give my homework to the teacher).

*(A + eL=AL)

<u>End time or destination:</u>

    - **La clase es de 9 a 1.** (The class is from 9 to1.)

- **Ese tren va a Tucumán.** (That train goes to Tucumán.)

2. **EN:**

   Indicates location. When the question is WHERE, the answer is EN.

   - **¿Dónde está Buenos Aires? en Argentina.** (Where is Buenos Aires? In Argentina.)

   Transportation:

   - **En auto/tren/subte/colectivo/bicicleta** (By car/train/subway/bus/bicycle)

   *Exception: **A pie** (on foot)

3. **DE:**

   It is used to talk about possession:

   - **El auto es de Néstor.** (It is Nestor's car.)

   Material:

   - **La camisa es de seda.** (The shirt is made of silk.) From:
   - **Soy de Buenos Aires.** (I´m from Bs.AS.)

   Starting Point:

   - **El tren que va a Tigre sale de Retiro.** (The train to Tigre leaves from Retiro)
   - **La clase es de 9 a 1** (The class is from 9 to1)

4. **CON:**

   Accompaniment:

   - **Voy a cenar un bife con ensalada.** (I'm going to eat for dinner a steak with salad).

With:

- **Fui al cine con Marcela.** (I went to the cinema with Marcela.)

Content:

- **En el garaje hay una caja con herramientas.** (In the garage there is a box with tools.)

5. **POR:**

   Reason or Cause of something:

   - **Por + noun: estudio español por mi trabajo.** (I study Spanish for my work.)

   Time:

   - **Estaré en Buenos Aires por 2 meses** (I will be in Buenos Aires for 2 months.)

6. **PARA:**

   Objective of something: Para + Infinitive.

   - **Estudio español para comunicarme con la gente de Sudamérica.** (I study Spanish to communicate with the people from South America).

Exercise Lesson 24

Mañana Valeria y yo vamos a salir en un viaje 1) ____ Europa. Vamos a estar 2) ____ Francia, y ____ España. Hemos estado practicando algunas palabras 3) ____ francés 4) ____ poder comunicarnos. 5) ____ su pronunciación, el francés nos resulta muy difícil. Llevo un pequeño libro 6) ____ las palabras

BEGINNER

esenciales. Allí nos vamos a encontrar con un amigo de Valeria que es 7) _____ Italia, pero vive en París, 8) _____ que nos muestre la ciudad.

Answers

1) para or hacia, 2) en, 3) en, 4) para, 5) Por, 6) con, 7) de, 8) para

Intermediate

INTERMEDIATE

Lesson 1

THE VERB "SOLER"

Many times I meet students who are intermediate or advanced because they have been taken lessons for a long time, and many times I figure out that they don't know what the verb "Soler" means. For example, I say to them an easy phrase like: "Yo solía dar clases en esa escuela", and they start to look at me, very confused, until they finally say "Sorry, I don't understand".

So, let's explain the verb "Soler".

It's a verb that indicates frequency. When I say this verb I want to tell that the next verb is an action that is frequent or was frequent. We can use this verb in Present or in Preterite Imperfect Tense.

Soler (conjugated) + Infinitive Verb

Present: Yo suelo, vos solés (tú sueles), él-ella-usted suele, nosotros-as solemos, ustedes-ellos-as suelen.

Imperfect: Yo solía, tú-vos solías, usted-él-ella solía, nosotros-as solíamos, ustedes-ellos-as solían.

"Yo suelo tomar mate por la mañana." (I usually drink mate in the morning.)

"Patricio y Federica suelen ir al cine los sábados." (Patricio and Federica usually go to the movies on Sunday.)

"De pequeña solía mirar dibujos animados." (When I was a child I used to watch cartoons.)

"Solíamos dormir la siesta porque hacía demasiado calor en el pueblo" (We used to take a nap because it was so hot in the town.)

INTERMEDIATE

Lesson 2

THE PRESENT PROGRESSIVE

The Present tense is used to speak about habits and routines, but we don't use it to speak about what we are doing right now, in this exact moment. This is where the Present Progressive comes into play. It is used to describe what we are doing at an exact moment in time. For example, if I am in the middle of washing dishes and somebody asks me what I am doing, I would say I am washing dishes, as that is what we are doing in that exact moment.

It can also be used to describe a broader present that isn't a general description. For example, someone can ask, "What are you doing in Buenos Aires?" and I would answer, "I am studying Spanish." It isn't a general description; it describes an action I am doing exactly in the broader present.

To create this in Spanish we use the verb **ESTAR (I AM) + The Verb** with a structure called the "Gerund".

ESTAR in Present + Gerund

    Yo Estoy

    Vos Estás + Cantar=Cant**ando** (**singing**)

    Ud./Él/Ella Está + Comer= Com**iendo** (**eating**)

    Nosotros-as Estamos + Salir= Sal**iendo** (**Going out**)

    Ustedes/Ellos-as Están

GERUNDS

As you can see, we drop the ending of each verb and add:

- For verbs ending in AR = **ANDO**
- For verbs ending in ER or IR = **IENDO**

There are some irregular Gerunds:

If we have a verb that in present changes O by UE, in gerund it would only change O by U. I fits ending is IR (but not AR-ER). Examples: costando, durmiendo.

If we have a verb that in present changes E by IE, in gerund it would only change E by I if its ending is IR (but not ER-AR). Examples: pensando, queriendo, mintiendo.

If we have a verb that in present changes E by I, in gerund it would change E by I. Examples: pidiendo, sirviendo

Also, the verbs with the ending –uir always form the gerund with –yendo.

Some Common Irregular Verbs:

- **Dormir: Durmiendo**
- **Leer: Leyendo**
- **Creer: Creyendo**
- **Construir: Construyendo**
- **Distribuir: Distribuyendo**
- **Destruir: Destruyendo (all the verbs with ending –UIR=yendo)**

INTERMEDIATE

- **Ir: Yendo**
- **Caer: Cayendo**
- **Pedir: Pidiendo**
- **Servir: Sirviendo**

Let's take a look at some examples:

- "**Sole, es tarde, ¿qué estás ha<u>ciendo</u>?**" (Sole, it is late, what are you doing?)
- "**Ya voy, me estoy maquill<u>ando</u>**". (I will be right there, I am putting on makeup.)

*Or you can say: "**estoy maquill<u>ándome</u>**" In this case, we have a reflexive verb "maquillarse". You can put the pronoun before or after the structure, but never in the middle.

But: ~~estoy memaquillando~~. X

- "**José y Anabella están comprando bebidas. Van a llegar en 5 minutos**" (José and Anabella are buying drinks. They are going to arrive in 5 minutes.)

We also use the Present Progressive with things that we are doing lately but are not habits.

- "**Estamos construyendo una casa enfrente del mar**" (We are building a house in front of the sea.)
- "**No estoy yendo mucho al gimnasio, porque tengo mucho trabajo.**" (I'm not going to the gym that much, because I have a lot of work.)
- "**Me encontré con Julieta el otro día. Me dijo que está hacienda un curso de negocios.**" (I met Juliet the other day. She said he is doing a business course.)

Exercise Lesson 2

1. Mariano y yo (prepar) _____ la cena, porque nuestros padres llegarán pronto.

2. Mi perro (dormir) _____ mucho más de lo normal, quizás esté enfermo.

3. No puedo tomarme vacaciones, porque (hacer) _____ un nuevo proyecto en mi trabajo.

4. ¿Quién es el hombre que (leer) _____ el periódico en esa mesa?

5. Los mozos (servir) _____ la comida a los invitados.

6. (Ir-Yo)_____ a tu casa ahora mismo, por favor, esperame allí.

7. Creo que vos no (estudiar) _____ demasiado. Vas a dar un mal examen.

8. Dicen las noticias que George Clooney (salir) _____ con una mujer que es periodista.

Answers

1) estamos preparando, 2) está durmiendo, 3) estoy haciendo, 4) está leyendo, 5) están sirviendo, 6) Estoy yendo, 7) estás estudiando, 8) está saliendo

INTERMEDIATE

Lesson 3

GUSTAR, CAER BIEN, PARECER

We have already studied verbs with an Indirect Object, verbs that need a pronoun and are conjugated according to the object or person that we have next to the verb that in this context is the subject.

(A mí) Me

(A vos) Te Gusta el chocolate

(A él/ella/Usted) Le Gustan las manzanas

(A nosotros-as) Nos

(A ellos/ellas/Ustedes) Les

We already know that **"Gustar"** means "To Like", but we need to know when and when not to use it in regards to when we are talking about other people. Another verb/expression **"Caer Bien/Mal"** exists and it is used also to express "to like" or "to dislike". It is important to know which verb we should use depending on what we want to say about the person we are talking about.

When we use **GUSTAR** in regards to a person, we are speaking about the beauty of a person. We think he/she is attractive sexually. We "LIKE" them, if you know what I mean!

"**Me gusta Mariano porque tiene un cuerpo atlético y ojos muy lindos**". (I like Mariano because he has an athletic body and very beautiful eyes.)

"**Me gustan las mujeres morochas**". (I like dark haired girls.)

"**Me gusta ella, tiene una cara preciosa** ". (I like her, she has a lovely face.)

CAER BIEN/MAL means that we like a person in general and it has no relation to liking someone sexually or physically.

"**Me cae bien Armando, él es muy inteligente y además es humilde**". (I like Armando, he is very intelligent and he is humble.)

"**Me caen mal esos chicos, son muy egocéntricos**". (I don't like those guys, they are very egotistic.)

"**A mi mamá no le cae bien mi novio, piensa que él es un poco vago**". (My mom doesn't like my boyfriend, she thinks he is a bum.)

Also, we have another difference when we speak about food or drinks. If I say: "**Me gusta el vino blanco**", I am saying I like the taste. If I say "**Me cae mal el vino blanco**", I'm saying it is bad for my health. In this case we only use the negative form: **Me cae mal**, and it is very common in the past tense:

Me cayó mal el vino / Me cayeron mal las empanadas fritas. We use this when we eat something and it doesn't sit well in our stomach.

INTERMEDIATE

Another verb that is important in making opinions is **PARECER (to think about, have an opinion)**:

We use an Indirect Object with it and in the following forms:

- **Me parece + Adjective**
- **Me parece + un/a + noun + Adjective**
- **Me parece + que + phrase with Verb**

"¿Qué te parece el libro "Cien años de soledad"?" (What do you think about the book "100 years of Solitude"? / What is your opinion about it?)

Me parece brillante. (I think it's brilliant.)

Me parece un libro original. (I think it's an original book.)

Me parece que es el libro ideal para leer en la playa. (I think it's an ideal book to read on the beach.)

Exercise Lesson 3

Fill the blanks with Gustar o Caer bien/mal:

1. A mí no _____ Alex, porque siempre está hablando tonterías.

2. A Alicia _____ Norberto, porque tiene buen físico y una sonrisa perfecta.

3. A nosotros _____ el queso, por eso lo ponemos en todas nuestras comidas.

4. A vos _____ Rodrigo, porque a él _____ tu novia.

5. No como cebollas fritas, porque usualmente. _____ .
   Me dan dolor de estómago.

6. Voy a pintar esta habitación de verde, porque pienso que a las niñas _____ el color verde.

Answers

1) me cae bien, 2) le gusta, 3) nos gusta, 4) te cae mal- le gusta, 5) me can mal, 6) les gusta

INTERMEDIATE

Lesson 4

SYMPTOMS AND ILLNES

Is very important to know how to explain to a doctor what we feel if we are feeling bad. The verb that is used most when explaining a symptom to a doctor or a friend is the verb Doler (To hurt, ache, have pain, etc.) and it is used in the same way of the verb Gustar with an Indirect Object. Doler is an irregular verb in that the o changes to ue in present tense.

- **Me**
- **Te**
- **Le**   Duele/n
- **Nos**
- **Les**

"**Me duele la cabeza**". (My head hurts.)

"**Me duelen las piernas**". (My legs hurt.)

Let's take a look at some vocabulary related to the body:

- **La cabeza** (head)
- **La/s oreja/s** (the ear)/ **El oído** (the inner ear)
- **El cuello** (the neck)/**La garganta** (the throat)
- **La/s muela/s** (the molar teeth)
- **El diente/Los dientes** (the tooth)

INTERMEDIATE

- **La boca** (the mouth)/**Los labios** (the lips)
- **El/Los hombro/s** (the shoulders)
- **La espalda** (the back)
- **El/Los brazo/s** (the arms)
- **La/s mano/s** (the hands)
- **El/Los dedo/s** (the fingers)
- **La cadera** (the hip)
- **La cintura** (the waist)
- **El estómago** (the stomach)
- **La/s pierna/s** (the legs)
- **La/s rodilla/s** (the knees)
- **El/los pie/s** (the feet)
- **El/Los talón/es** (the heels)
- **El/los dedo/s del pie** (the toe)

Another way to express symptoms is with **ESTAR**

<u>**ESTAR** + Adjective</u>

Estoy mareada/o (I'm dizzy)

Estoy resfriado/a (I have a cold)

Estoy pálida/o (I'm pale)

Estoy cansado/a (I'm tired)

INTERMEDIATE

Or with **TENGO + NOUN**

Tengo dolor de estómago (My stomach hurts)

Tengo náuseas (I have nausea)

Tengo diarrea (I have diarrhea)

Tengo gripe (I have the flu)

Tengo tos (I have a cough)

Tengo fiebre (I have a fever)

Tengo vómitos (I have been vomiting)

Tengo resaca (I have a hangover)

Exercise Lesson 4

Think about which are the symptoms of a person who has:

- Resaca (Hangover)
- Estrés (Stress)
- Gripe (Flu)

Lesson 5

THE DIRECT AND INDIRECT OBJECTS

The Direct Object

The Direct Object is a pronoun and it is used in order to not repeat the same thing in a conversation.

It replaces the "WHAT" in a sentence. For example:

- "Ayer comí <u>pastas</u> con salsa blanca. <u>LAS</u> comí con salsa blanca".

(Yesterday I ate <u>pastas</u> with white sauce. I ate <u>them</u> with white sauce.)

- "¿Cómo tomás <u>el café?</u>" (How do you drink <u>coffee?</u>)
- <u>Lo</u> tomo con leche. (I drink <u>it</u> with milk.)

The Direct Object can be things or people.

- ¿Viste a <u>Natalia?</u> (Did you see <u>Natalia?</u>)
- Sí, <u>LA</u> vi en el Segundo piso. (Yes, I saw <u>her</u> on the second floor).

It is more common with objects, but with some verbs the Direct Object is a person: **Ver, Llamar, Matar, Mirar, Saludar, Felicitar** are some examples.

The Direct Object Pronouns are:

Me (A mí)

Te (A vos)

LO/LA (A él/ella/Usted or male or female object)

Nos (A nosotros-as)

LOS/LAS (A ellos-as/ustedes or male or female objects)

The Indirect Object

The Indirect Object is another pronoun that replaces the "To who" in a sentence. Usually they are people.

The Pronouns are:

Me (A mí)

Te (A vos)

Le (A Ud./él/ella)

Nos (A nosotros-as)

Les (A Uds./ellos-as)

Example:

"Compré flores para la abuela./Le compré flores". (I bought flowers for grandma. / I bought her flowers.)

- ¿Quién te regaló esa remera? (Who gave you this shirt?)
- Mi tía me compró esta remera. (My aunt bought me this shirt.)

It is very common to say the pronoun and the person when it is in the third person.

"**Le di las llaves a la secretaria**". (I gave the keys to the secretary.) The Indirect Object can also be a thing (non-person).

"**Le puse sal a la comida**". (I put salt on the food.)

Exercise Lesson 5

Replace the Direct objet:

1. ¿Cómo preferís la carne?

    _____ prefiero bien cocida.

2. - ¿Compraste el libro de matemáticas?

    - Sí, _____ compré.

3. - ¿Hiciste la tarea?

    -No, todavía no _____ hice.

4. - ¿Conocés a mis hijos?

    -Sí, _____ conozco. Van a la escuela con mi hija.

5. - ¿Revisás tu correo electrónico con frecuencia?

    -Sí, _____ reviso todas las noches.

Replace the Indirect object:

6. - ¿Les diste dinero a los niños?

    -Sí, _____ di.

7. - ¿Te compraste chocolates?

    -Sí, _____ compré dos.

8. - ¿Les lee su maestro a ustedes los cuentos del libro?

INTERMEDIATE

- No, no _____ lee cuentos. Los leemos nosotros mismos.

9. - ¿Vos me diste las llaves?

    -No, _____ di las llaves a Teresa.

10. - ¿Me devolviste el lápiz?

    -Sí, _____ devolví el lápiz hace un rato.

Answers

1) la, 2) lo, 3) la, 4) los, 5) lo, 6) les, 7) me, 8) nos, 9) le, 10) te

Lesson 6

HOW TO REPLACE THE INDIRECT AND DIRECT OBJECTS IN THE SAME PHRASE

We have already learned the O.D and O.I. But, what should we do if we have both in the same phrase?

The Order is:

O.I + O.D + Verb

For example:

- **¿Me prestás la birome?** (Can you lend me the pen?)
- **Sí, te la presto.** (Yes, I will lend it you.)

If you need to use infinitive or gerund you can put the pronouns at the end or before the construction.

For example

Quiero comprarte ese vestido.

"Te lo quiero comprar". Or "Quiero comprártelo" There is another rule. Spanish doesn't accept:

Le + Lo/La/s

Les + Lo/La/s

In that case, we have to change the O.I **(Le/Les) to "Se"**

"¿Le dijiste la verdad a Juan?" (Did you tell Juan the truth?)
Incorrect: Sí, ~~te la dije~~.

Correct: "**Si, se la dije**". (Yes I told him it.)

Is it possible to have an O.I and a Reflexive Pronoun? No, it is not impossible. When we have a Reflexive Pronoun, the Reflexive Pronoun goes first and then the O.D.

For example:

- **¿Te lavás las manos?** (Do you wash your hands?)
- **Sí, me las lavo.** (Yes, I wash them.)

Let's see some more examples with O.D/O.I:

- **¿Dónde te comprás la ropa?** (Where do you buy your clothes.)
- **Me la compro en una tienda de Palermo.** (I buy them for myself in a store in Palermo.)

Exercise Lesson 6

1. ¿Quién te prepara el desayuno?

    _____prepara mi mamá.

2. ¿Dónde le compraste el regalo a tu novia?

    _____ compré en la tienda de mi amigo.

3. Profesor, ¿por qué nos dio esta tarea?

    _____di porque tenemos que estudiar para el examen.

4. ¿Vos me prestaste el diccionario?

   No, _____ prestó José.

5. ¿Cómo les hace la pizza su mamá a ustedes?

   _____ hace con tomate y anchoas.

Answers

1) Me lo, 2) Se lo, 3) Se la, 4) te lo, 5) Nos la

INTERMEDIATE

Lesson 7

THE IMPERFECT TENSE

The Imperfect Tense is a past tense used to describe and speak about habits in past. The conjugation is pretty easy, so let's take a look at it right off the bat.

Regular Verbs

Examples for the verbs **Cantar, Comer** and **Vivir**

Yo	Cantaba	Comía	Vivía
Vos	Cantabas	Comías	Vivías
Ud./El/Ella	Cantaba	Comía	Vivía
Nosotros-as	Cantábamos	Comíamos	Vivíamos
Uds./Ellos-as	Cantaban	Comían	Vivían

Irregular Verbs

Ser, Ir and Ver

Yo	Era	Iba	Veía
Vos	Eras	Ibas	Veías
Ud./El/Ella	Era	Iba	Veía
Nosotros-as	Éramos	Íbamos	Veíamos
Uds./Ellos-as	Eran	Iban	Veían

INTERMEDIATE

1. We use it to describe habits in the Past:

"Cuando era pequeña siempre <u>iba</u> con mi familia a Mar del Plata. <u>Alquilábamos</u> un departamento cerca de la playa y nos <u>quedábamos</u> todo enero en la costa". (When I was little I would always go with my family to Mardel Plata. We used to rent an apartment near the beach and we stayed on the coast through January).

As you can see, we are describing a habit in the past, not a specific moment.

A very important verb to use in this tense is **"soler"** which translates to "used to": "**Yo solía cenar en un restaurante que cerró después de la crisis del 2001**". (I used to eat dinner at a restaurant that closed after the 2001 crisis.)

The following are some common expressions that are used in the Imperfect Tense:

- **Cuando era chica/o...** (When I was a child)
- **Cuando era pequeña/o...** (When I was a child)
- **De chica/o...** (When I was a child)
- **De adolescente...** (When I was a teenager)
- **Cuando tenía 10 años...** (When I was 10 years old)
- **A los 10 (años)...** (When I was 10)
- **En esa época....** (At that time/In those times/In that era: A time in the near past. Ex. The 1980's....)
- **En aquella época...** (At that time/In those times/In that era: used for a time farther in the past. Ex. The 18th century...)

INTERMEDIATE

2. We use it for descriptions of "Before" vs."Now":

Ahora buscamos mucha información en Internet. Cuando no existía Internet, <u>debíamos</u> ir a la biblioteca, buscar en libros y diarios o hacer entrevistas para obtener información sobre un tema. (Now we find a lot of information on the Internet. When there was no Internet, we had to go to the library, look in books and newspapers or do interviews to obtain information about a topic).

3. We use it for description of people (physical and personality):

"A los 10 años yo <u>era</u> muy flaca y bastante tímida". (At age 10, I was very skinny and very shy.)

4. Description of places (also what the people use to do there):

"El almacén de mi barrio <u>era</u> pequeño, <u>estaba</u> lleno de cosas y <u>tenía</u> mucha humedad. La gente <u>iba</u> a comprar las cosas básicas para preparar el almuerzo o la cena de ese día". (The store in my neighborhood was small; it was full of things and was very humid. People used to go to buy the basic things to prepare lunch or dinner of that day.)

Exercise Lesson 7

De chico (vivir) _____, en una casa grande en Ramos Mejía, Provincia de Buenos Aires. En casa (tener-nosotros) _____ dos perros y un loro. A mí (encantar) _____ jugar con los perros en el jardín. Cuando mi abuela (venir) de visita, siempre (traer) _____ torta casera. Mi hermano menor y yo (dormir) _____ en la misma habitación, que (estar) _____ decorada con posters de San Lorenzo, nuestro club de fútbol favorito.

Answers

De chico **vivía**, en una casa grande en Ramos Mejía, Provincia de Buenos Aires. En casa **teníamos** dos perros y un loro. A mí **me encantaba** jugar con los perros en el jardín. Cuando mi abuela **venía** de visita, siempre **traía** torta casera. Mi hermano menor y yo **dormíamos** en la misma habitación, que **estaba** decorada con posters de San Lorenzo, nuestro club de fútbol favorito

INTERMEDIATE

Lesson 8

Using the Imperfect and Indefinite Past Tenses Together

It is very common in Spanish to have to use both the Imperfect and Indefinite past tenses together. Let's review when we use each one and learn more about these two important tenses.

1. The Indefinite Tense

We have to use Indefinite Tense with actions that are finished, and usually they are with expressions like these:

- **Ayer** (yesterday)
- **La semana pasada** (last week)
- **Anteayer** (the day before yesterday)
- **El lunes pasado** (last Monday)
- **En 1842** (in 1842)
- **Hace # días/meses/años** (F.E: 2 years ago)
- **Anoche** (last night)

We also use this past when we say an exact duration of time:

- **20 años** (20 years)
- **Toda la noche** (all night)
- **Una semana** (one week)

2. The Imperfect Tense

We use the Imperfect Tense when we are speaking about habits in the past. Usually with expressions like:

- **Cuando tenía 10 años** (when I was 10 years old)
- **A los 10** (when I was 10 years old)
- **Cuando era chico** (When I was a child)
- **De chico** (When I was a child)
- **De pequeño** (When I was a child)
- **En esa época** (At that time)
- **Por aquellos años** (In those years)

Also we use the Imperfect Tense when we are describing something in past:

- <u>Edad</u>: <u>Tenía</u> **solo 5 años cuando...** (I was only 5 years old when...)
- <u>Tiempo</u>: <u>Eran</u> **las 10 cuando llegó.** (It was 10'o clock when he arrived.)
- <u>Físico</u>: **Eva Perón** <u>era</u> **rubia, baja, y llevaba usualmente el pelo atado.** (Eva Peron was blond, short, and usually wore her hair tied up.)
- <u>Personalidad:</u> **Mi abuelo era un hombre inteligente y tenía un gran sentido del humor.** (My grandfather was an intelligent man and had a great sense of humor)
- <u>Lugares</u>: **Buenos Aires en el 1800 era una ciudad muy pequeña y de calles de tierra.** (Buenos Aires in 1800 was a very small town with dirt roads.)
- **And what the people used to do in that place: La gente**

INTERMEDIATE

andaba a caballo y se hacían fiestas en casas. (The people rode on horseback and had house parties.)

The Imperfect tense is always the context of the situation. If you have a situation happening and another action that interrupts this situation, the first should be in Imperfect Tense and the second in the Indefinite Tense.

- "**Cenaba** (imperfect) cuando **llamaste** (indefinite)"/ "**Estaba** (imperfect) cenando cuando **llamaste** (indefinite)" (I was having dinner when you called.)
- "**Vivíamos** (imperfect) en Italia cuando **nació** (indefinite) Santino" (We lived in Italy when Santino was born.)

Sometimes we have a situation where we do something while something else is happening but we don't interrupt the other action:

- "**Fui al banco mientras dormías**" (I went to the bank while you were sleeping.)
- "**Terminé mi tarea mientras los otros chicos jugaban**". (I finished my homework while the other boys were playing.)

In a case where both actions are of the same importance and both are happening at the same time, both need to be in the Imperfect Tense:

- "**Mientras Marcos preparaba el asado yo hacía las ensaladas**". (While Marcos was preparing the BBQ I was making salads.)
- "**Juan fumaba en el patio y Lorena pensaba sobre lo sucedido**". (John was smoking on the patio and Lorena was thinking about what happened.)

INTERMEDIATE

Let's take a look at a whole paragraph as an example:

"**Cenicienta era una chica que vivía con su madrastra y sus dos hermanastras. Ellas eran muy envidiosas porque Cenicienta era linda y ellas no. Por eso la hacían limpiar y hacer los quehaceres domésticos. Pero un día, llegó una carta del príncipe para invitarlas a un baile. Las hermanastras se vistieron para ir, pero Cenicienta no iba a ir al baile porque tenía que trabajar en la casa y no tenía buena ropa. Cuando todas se fueron al baile apareció el hada madrina, que con su varita mágica convirtió el vestido de Cenicienta en un vestido de gala, un calabaza en carruaje y a los ratones en caballos. La única condición para Cenicienta era volver antes de las 12, cuando terminaba el hechizo. Cenicienta bailó con el príncipe, quien estaba encantado con ella, hasta que dieron las 12 y tuvo que salir corriendo. Cuando bajaba las escaleras perdió un zapato de cristal, que el príncipe encontró poco después..."**

(Cinderella was a girl who lived with her stepmother and two stepsisters. They were very envious because Cinderella was beautiful and they weren't. That's why she cleaned and did house hold chores (**Description/context**). But one day the prince got a letter inviting them to a dance (**Particular action**). The sisters were dressed to go (**Particular action**), but Cinderella was not going to go to the dance because she had to work at home and had no good clothes(**Context, situation: why she isn't coming**). When they all went to the ball a fairy godmother appeared, who with her wand converted Cinderella's rags into a dress, a pumpkin into a carriage and mice into horses (**Particular actions**). The only condition for Cinderella was to be back before 12, when the spell was finished **(Context)**. Cinderella danced with the prince **(Particular action)**, who was enchanted by her **(Description of the situation)**, until it turned 12 and she had to leave running **(Particular actions)**. When she went down the stairs she lost a shoe, which the prince found a little later. **(Action like context of another action)**...

Exercise Lesson 8

Había una vez, una niña que (se llamó-se llamaba) Caperucita Roja, porque siempre (llevó-llevaba) una caperuza roja. Un día, su mama le (pidió-pedía) que llevara comida a su abuela enferma en una canasta, pero le (decía-dijo) que por favor no hablara con nadie en el bosque. Caperucita (salía-salió) de la casa muy contenta, y a poco de andar (se encontraba-se encontró) con un lobo que (parecía-pareció) muy simpático. Ella le (contó-contaba) que (fue-iba) a casa de su abuelita para llevarle comida. El lobo (corrió-corría) para llegar más rápido que Caperucita. Cuando (llegaba-llegó), (se metía–se metió) en la cama y (se ponía–se puso) la ropa de la abuela y (metía-metió) a la abuela en el closet. Cuando Caperucita (llegó-llegaba), (confundía-confundió) al lobo con la abuela, y entonces éste (quería-quiso) atacarla para comerla. Pero Caperucita (gritaba-gritó) y los guardabosques (entraron-entraban) a la casa y (salvaban-salvaron) a Caperucita y su abuelita.

Answers

Había una vez, una niña que **se llamaba** Caperucita Roja, porque siempre **llevaba** una caperuza roja. Un día, su mamá le **pidió** que llevara comida a su abuela enferma en una canasta, pero le **dijo** que por favor no hablara con nadie en el bosque. Caperucita **salió** de la casa muy contenta, y a poco de andar **se encontró** con un lobo que **parecía** muy simpático. Ella le **contó** que **iba** a casa de su abuelita para llevarle comida. El lobo **corrió** para llegar más rápido que Caperucita. Cuando **llegó, se metió** en la cama y **se puso** la ropa de la abuela y **metió** a la abuela en el closet. Cuando Caperucita **llegó**, **confundió** al lobo con la abuela, y entonces éste **quiso** atacarla para comerla. Pero Caperucita **gritó** y los guardabosques **entraron** a la casa y **salvaron** a Caperucita y a su abuelita.

INTERMEDIATE

Lesson 9

CONNECTORS

To write a paragraph we need some "connectors" that allow us to connect ideas. These connectors are words that indicate adhesion, opposition, cause or consequence. Also, we need connectors to give order to information.

Let's take a look at some of the most common connectors.

1. **Adhesion**

   - **Y** (And). It changes to "**E**" when the next word starts with "I" or "hi": "**Padres e hijos**" (Parents and children). "**Se casaron y se fueron de luna de miel a Bahamas**". (They were married and they went on a honeymoon to the Bahamas.)

   - **Además** (Also/Besides/Additionally) "**Estoy muy cansada. Ayer trabajé mucho y además, no pude dormir bien.**" (I am very tired. Yesterday I worked hard and also, I could not sleep well.)

   - **También** (Also/Too). "**Durante sus vacaciones puede disfrutar de la playa y también de la pileta**". (During your vacation you can enjoy the beach and pool.)

2. **Opposition**

   - **Pero** (But) "**Le encantan las golosinas, pero no puede comer muchas por su dieta**". (He love sweets, but he cannot eat a lot because of his diet.)

   - **Sin embargo** (However) "**Viví en Buenos Aires toda mi vida, sin embargo, no conozco mucho las calles**". (I have lived in Buenos Aires all my life, however, I don't know much about the streets.)

- **Aunque** (Although) "**Aunque trabaja mucho, no gana demasiado dinero.**" (Although he works a lot, he doesn't make that much money.)

- **A pesar de** (Despite) "**A pesar del frío, pasamos un sábado muy lindo en el parque**". (Despite the cold; we had a very nice Saturday in the park.)

3. **Cause**

- **Como** (Because) It's only used at the beginning of a sentence. "**Como va a llover, llevaré paraguas**". (Because it is going to rain, I will bring an umbrella.)

- **Porque** (Because) It's only used in the middle of a sentence. "**Llevaré un paraguas porque va a llover.**" (I will bring an umbrella, because it is going to rain.)

- **Ya que** (Because, since) "**El presidente tomará licencia por un mes, ya que tiene que operarse**". (The President will be on leave for a month because he has to have an operation.)

- **Dado que** (Because) "**Dado que la economía va mal, muchos ciudadanos han decidido emigrar**". (Since the economy is bad, many citizens have chosen to emigrate.)

4. **Consequence**

- **Entonces** (Then) "**Él pasó una noche con otra chica, y entonces ella, lo dejó**". (He spent a night with another girl, and then she left him.)

- **Por lo tanto** (Therefore) "**Hay mucha inflación, por lo tanto, tendrán que aumentar los salarios**". (There is a lot of inflation; therefore, they will have to raise wages.)

- **Así que** (So) "**Se fue a vivir solo, así que ahora tiene**

INTERMEDIATE

que lavarse la ropa él mismo". (He went to live alone, so now he has to wash the clothes by himself.)

5. To order the Information

- **En primer lugar…** (In the first place…)
- **En segundo lugar…** (In the second place…)
- **Por un lado….por otro lado** (On the one hand…on the other hand…)
- **Para terminar….** (To finish…)
- **Como conclusión….** (In conclusion…)

Exercise Lesson 9

1. Quiero comer esas papas fritas, _____ no puedo, porque estuve mal del hígado toda la semana.

2. Ya es tarde, y Damián todavía no llegó, _____ empezaremos sin él.

3. _____ toma mucho agua, su piel está siempre hidratada.

4. Fueron unas vacaciones lindísimas, y _____ conocimos gente hermosa.

5. No voy a participar de estas elecciones, _____ no me gusta ninguno de los candidatos.

6. Pobre, _____ tiene muchos amigos en Facebook, en la vida real siempre está muy solo.

Answers

1) pero, 2) así que, 3) Como, 4) además, 5) porque, 6) aunque

Lesson 10

THE IMPERSONAL "SE"

When we don't say who does one action specifically and we are speaking in general about something, we have to use the impersonal "SE".

The most common example in English of the impersonal "SE" is when we ask a question and use "you." For example, "Can you smoke here?" When we ask this question, we are not asking the other person personally if they can smoke, we are using "you" as a general word to ask if in general we can do something. In Spanish, we don't use the "you" form (vos) when asking questions like this. Rather we use the impersonal "Se", which goes in front of the conjugated verb. For example, "Can you smoke here" would be **"¿Se puede fumar acá?"**

It is also used for when we are speaking about stereotypes about a country:

En Argentina se habla español, se come asado, y se baila tango. También se toma mate. (In Argentina, they speak Spanish, eat barbecue, and dance tango. They also drink mate.)

We can't say that all Argentineans drink mate, maybe **"la mayoría toma mate y algunos no toman"** (most drink mate and some do not drink), but this se allows us to speak generally.

The SE is conjugated according the next word.

INTERMEDIATE

Se+Verb+third person singular: Se cena muy tarde. (They eat very late.)

se + Verb + third person singular: Se escucha tango. (They listen to Tango.)

se + Verb + third person plural: Se comen empanadas. (They eat empanadas.)

We can take a look at the use of the Impersonal "SE" by reading a cooking recipe. For example:

Empanadas

Se compran las tapas para empanadas en el supermercado (vienen 12 por paquete). Se prepara el relleno que pondremos dentro de la empanada. Si se hacen de carne, se pone carne picada, cebolla picada, huevo picado y ají picado en una sartén con un poco de aceite. Se agregan condimentos (se echa sal, pimienta, comino, etcétera) y se saltea todo junto. Después se pone un poquito en cada tapa de empanada. Antes de cerrar la tapa, se pasa un poco de agua por el borde para que se pegue mejor. Una vez cerradas las 12 empandas, se hornean hasta que estén doradas. También se pueden freír.

What do we do with other products?

- **Lavar** (to wash): Se lava/n (las verduras/vegetables, las papas/potatos)
- **Freír** (to fry): Se fríe/n (los huevos/eggs, las papas/potatos)

- **Congelar** (to freeze): Se congela/n (el pescado/fish, la carne/meat, el pollo/chicken)

- **Saltear** (to saute): Se saltea/n (los vegetales/vegetables, los hongos/mushrooms, la carne/meat, el pollo/chicken)

- **Pelar** (to peel): Se pela/n (las papas/potatos, los huevos/ eggs, algunasfrutas/fruits)

- **Echar** (to cast): Se echa/n (la sal/salt, la pimienta/pepper, las pastas al agua/pasta)

- **Cortar** (to cut): Se corta/n (el pan/bread, las papas/potatos, los tomates/tomatos)

- **Asar** (to roast): Se asa/n (la carne/meat, el pollo/chicken)

- **Hervir** (to boil): Se hierve/n (la leche/milk, el agua/water, los huevos/eggs, las verduras/vegetables)

- **Hornear** (to bake): Se hornea/n(las papas/potatos, la carne/meat, el pollo/chicken, las empanadas, las pizzas)

- **Picar** (to mince): Se pica/n (la cebolla/onion, el perejil/parsley, el ajo/garlic)

- **Rallar** (to grate): Se ralla/n (elqueso/cheese, las zanahorias/carrot, el pan/bread, el chocolate/chocolate)

Exercise Lesson 10

Real life

- Write a Typical Recipe from your Country.

- For corrections, you can write an e-mail to speakspanishba@gmail.com with the subject RECIPE

INTERMEDIATE

Lesson 11

HOW TO IDENTIFY

In this lesson we are going to learn how to identify someone at a party when we are talking about a person with a friend.

Let's first do a quick review of the Demonstrative Adjectives:

este/esta/estos/estas (This/These)

ese/esa/esos/esas (That/Those)

aquel/aquella/aquellos/aquellas (That/Those over there)

So, imagine you are at a party, with friends, and you want to speak about someone else, you would say:

- **¿Ves a ese hombre?** (Do you see that man?)
- **¿Cuál?** (Which one?)
- **Ese de ahí, <u>el de suéter azul</u>** (That man over there, who has a blue sweater.)
- **Ah, sí.** (Oh, yes.)
- **Es el ex novio de Lorena.** (He's Lorena's ex boyfriend.)

EL/La/Los/Las de + Noun:

- **Suéter** (Sweater)
- **Camisa** (Shirt)
- **Remera** (T-Shirt)
- **Chomba** (Polo Shirt)

INTERMEDIATE

- **Camiseta** (Undershirt or football shirt)
- **Saco** (Coat)
- **Campera** (Jacket)
- **Tapado** (Overcoat)
- **Traje** (Suit)
- **Vestido** (Dress)
- **Pantalón** (Pants)
- **Zapatos** (Shoes)
- **Zapatillas** (Sneakers)
- **Ojotas** (Flip-Flop)
- **Sandalias** (Sandals)
- **Botas** (Boots)
- **Medias** (Tights)
- **Anteojos/Gafas/Lentes** (Glasses) **Anteojos/Gafas/Lentes de sol** (Sunglasses)
- **Pelo largo/corto/lacio** (Long hair/Short hair/Straight hair)
- **Colita** (Tail)
- **Rulos** (Curlers)
- **Barba** (Beard)
- **Bigotes** (Mustache)

EL/La/Los/Las + Adjective

- **Rubio-a/Morocho-a/Pelirrojo-a/Canoso-a/Pelado- a-Calvo-a** (Blond/Dark hair/redhead/gray-haired/bald headed)

INTERMEDIATE

- **Alto-a/Bajo-a/Gordo-a/Flaco-a-Delgado-a**(Tall/Short/Fat/Thin)

EL/La/Los/Las que + phrase with verb

- **El que tiene ojos verdes** (The one that has green eyes.)
- **La que está riéndose.** (The one that is laughing.)
- **La que se parece a Penélope Cruz.** (The one who looks like Penelope Cruz.)
- **El que juega al Polo.** (The one that plays Polo.)

Lesson 12

VOCABULARY RELATED TO HOME/APARTMENTS

Let's take a look at some vocabulary related to homes and apartments. This type of vocabulary is very important if you are looking in the classifieds for information to rent or buy an apartment or house.

AMBIENTES are rooms like the bedroom and the living room (not kitchen, not patio, etc.)

"Departamento 4 ambientes, cocina tipo americana, amplio balcón. Muy luminoso"

Which adjectives could we use to describe an apartment?

- **Amplio/espacioso** (Big)
- **Chico** (Small)
- **Luminoso** (Luminous)
- **Oscuro** (Dark)
- **Cálido** (Warm)
- **Frío** (Cold)
- **Moderno** (Modern)
- **Antiguo** (Antique)
- **Clásico** (Classic)

INTERMEDIATE

The parts of an apartment/home are:

Cocina (kitchen), **living** (living room), **comedor** (dining room), **baño** (bathroom), **patio**(patio), **terraza** (terrace), **lavadero** (laundry), **balcón** (balcony), **garaje** (garage), **sala de juegos** (playroom).

- The kitchen could be **"Incorporada/tipo americana"**. (In this case it is part of the living, only separated by a table for breakfast.)

- An apartment can be **"Interno/contrafrente"** or **"Externo/frente"**. When it's "Externo" it is facing the street, the garden, the ocean, etc. In Spanish we say: "Da a la calle", **"Da al jardín"**, **"Da al mar"**.

- **Una vivienda puede estar** (A home can be....):
  - **Bien comunicada** (In a good location in regards being close to the subway, bus routes, easy to get around everywhere)
  - **Cerca/Lejos del centro** (Near the center/Far from the center)
  - **En un zona tranquila/ruidosa** (In a quite zone/In a noisy zone)
  - **En la ciudad** (In the city)
  - **En las afueras** (In the suburbs)

Lesson 13

COMPARISONS

Let's take a look at how we make comparisons in Spanish. For example, how would we say something is better than something else, something is smaller than something else, etc?

Adjectives

Más + Adjective + Que (More + Adjective + Than)

- Los negocios en el barrio de Palermo **son más caros que los** negocios en el barrio de Almagro. (The shops in Palermo **are more expensive than** in Almagro.)

    Menos + Adjective + Que (Less + Adjective + Than)

- La Plata es una ciudad **menos popular que** Buenos Aires. (La Plata is a city **less popular than** Buenos Aires)

    Tan + Adjective + Como (As + Adjective + As)

- El bife de chorizo es **tan rico como** el bife de lomo. (The bife de chorizo is **as tasty as** the bife de lomo.)

    Exceptions: "más bueno" doesn't exist, we use **"mejor"**. "Más malo" doesn't exist, we use **"peor"**.

Nouns

Más + Noun + Que (More + Noun + Than)

- En Buenos Aires hay más habitantes que en París. (In Buenos Aires there are more residents than in Paris.)

131

INTERMEDIATE

Menos + Noun + Que (Less + Noun + Than)

- En Recoleta hay menos bares que en Palermo. (In Recoleta there are less bars than in Palermo.)

Tanto/a/s + noun + Como (As Many + noun + As)

You should use **tantos** or **tantas** according to the noun, and **tanto/a** are for uncountable nouns).

- Tengo 2 perros, 2 gatos y una tortuga. En mi casa hay **tantos perros como gatos,** pero no hay **tantas tortugas como perros o gatos.** (I have 2 dogs, 2 cats and a turtle. In my house there are **as many dogs as there are cats**, but there are not **as many turtles as there are dogs or cats.**)

- En esa taza hay **tanto café como** en mi taza. (In this cup there is **as much coffee as** there is in my cup.)

Verbs

Verb + Más + Que (Verb + More + Than)

- Maradona **habla más que** Messi. (Maradona **talks more tan** Messi.)

Verb + Menos + Que (Verb + Less + Than)

- Joaquín **toma menos alcohol que** Arturo. (Joaquin **drinks less alcohol than** Arturo.)

Verb +Tanto + Como (Verb + As Much + As)

- En mi casa, las mujeres **comemos tanto como** los hombres. (In my house, the girls **eat as much as** the guys.)

To form superlatives, we have to use the Definitive Articles **(El/ La/Los/Las) + Más/Menos + the adjective.**

For example

- La Avenida 9 de Julio es **la más ancha** del mundo. (La Avenida 9 de Julio **is the largest** avenue in the world.)

- El café colombiano es **el mejor** café. (Columbian coffee is **the best** coffee.)

- "El Aconcagua" es **la montaña más alta** de Sudamérica. ("El Aconcagua" is the **highest mountain** in South America.)

Another way to make comparisons that is useful is to use "**La mayoría**" (the majority) and "**La minoría**" (the minority).

- La mayoría de los argentinos come carne. (The majority of Argentines eat meat.)

Exercise Lesson 13

Put in order the next sentences:

1. esa/ganan/los/tanto/hombres/como/mujeres/las/ empresa/En

2. flaca/es/Catalina/Alberto/que/menos

3. BurjKhalifa/alto/del/más/el/mundo/edificio/es

4. casa/Mi/linda/como/tuya/tan/la/es

5. hay/Brasil/más/que/habitantes/En/en/Argentina

Answers

1. En esa empresa las mujeres ganan tanto como los hombres.

2. Catalina es menos flaca que Alberto.

3. Burj Khalifa es el edificio más alto del mundo.

4. Mi casa es tan linda como la tuya.

5. En Brasil hay más habitantes que en Argentina.

INTERMEDIATE

Lesson 14

POR VS. PARA

A topic that many students learning Spanish get confused on, even advanced students, is the difference between **Por** and **Para**. Sadly, there are a lot of rules for each one.

In this lesson we are going to try to reinforce when and why we use **Por** and **Para** and hopefully demystify and clear up any misunderstandings.

POR

Reason/Cause:

- **"Estoy resfriado por salir sin abrigo".** (I have a cold because I am out without a coat.)
- **"Trabajo mucho por mis hijos".** (I work a lot for my children.)
- **"Andrea y Jorge se casaron por amor".** (Andrea and Jorge got married because of love.)

Duration:

- **"Estaré en Argentina por 3 meses".** (I will be in Argentina for 3 months.)
- **"Trabajé en Adecco por 2 años".** (I worked in Adecco for 2 months.)

Through:

- **"Tengo pensado llegar a Bolivia por Chile".** (I am thinking to arrive in Bolivia through Chile.)

- **"Podemos caminar hasta Puerto Madero por Florida"**. (We can walk to Puerto Madero by going though Florida.)

By:

- **"Este libro fue escrito por Julio Cortazar"**. (This book was written by Julio Cortazar.)
- **"Esa canción fue escrita por John Lennon"**. (That song was written by John Lennon.)

According to:

- **"Por su aspecto, parece que estuvo días sin ducharse"**. (According his appearance, he looks like he went days without taking a shower.)
- **"Por lo que dijo, estaba enojada"**. (According that she said, she was angry.)

To look for:

- **"Lorena fue a la farmacia por su medicina"**. (Lorena went to the pharmacy to look for her prescription.)

In Exchange for:

- **"Cambié mi moto por una más nueva"**. (I changed my bike for a newer one.)
- **"Compré esta mesa por AR$ 100 pesos"**. (I bought this table for 100 pesos.)

There are some common phrases that use POR:

- **Por favor** (Please)
- **Por suerte** (Fortunatelly)

INTERMEDIATE

- **Por tu culpa** (Because of you)
- **Por Dios** (Oh my God)
- **Por las dudas/Por si acaso** (Just in case…)

PARA

Finality/ Objective:

- "Estudio español <u>para</u> hablar con mis nuevos amigos". (I study Spanish to talk with my new friends.)
- "Ella hizo mucho ejercicio <u>para</u> adelgazar". (She did a lot of exercise to lose weight.)

Destination:

- "En marzo voy <u>para</u> Irlanda, <u>para</u> celebrar San Patricio". (In March I am going to Ireland to celebrate St. Patrick'sDay.)
- "Juan viajó <u>para</u> Orlando, quiere llevar a sus hijos a Disney". (Juan traveled to Orlando, he wants to bring his children to Disney World.)

Towards:

- "¿Vas <u>para</u> la derecha o <u>para</u> la izquierda?" (Are you going to the right or left?)
- "Siempre voy <u>para</u> ese lado, por eso conozco bien la zona". (I always go to that side, so I know the area.)

Opinion:

- "<u>Para mí</u>, Brad Pitt no es muy atractivo". (In my opinion, Brad Pitt is not very attractive.)
- "<u>Para</u> Lorenzo, Cristiano Ronaldo no juega bien al fútbol". (In Lorenzo's opinion, Cristiano Ronaldo does not

play good football.)

Time limit:

- "Tengo que presentar mi tesis **para** marzo". (I have to submit my thesis in March.)
- "Este trabajo es **para** mañana". (This work is for tomorrow.)

Opposite Idea:

- "**Para** su edad, juega muy bien al tenis. ¡Él tiene 70 años!"(For his age, he plays very good tennis. He is 70 years old!)
- "Es una respuesta muy inteligente **para** un niño". (It's a very clever response for a child.)

Exercise Lesson 14

1. Martín no puede ir al campo con nosotros _____ su trabajo. Él trabaja los domingos.

2. Preparé estas pizzas _____ los invitados, no las toques.

3. Recuerdo que aquella noche estuvimos caminando _____ la Quinta Avenida.

4. Mi tía compró una cafetera _____ muy poco dinero.

5. Yo creo que esa ciudad es muy bonita, pero _____ mi novio no lo es.

6. Se necesita ser muy responsable _____ trabajar en una escuela.

7. La Gioconda fue pintada _____ Da Vinci.

8. _____ su aspecto, diría que no se ducha hace días.

9. Necesito estar en forma _____ tu fiesta de casamiento. Quiero que todos me vean bien.

INTERMEDIATE

10. Daría cualquier cosa _____ un ticket para ese concierto.

Answers

1) por, 2) para, 3) por, 4) por, 5) para, 6) para, 7) por, 8) Por, 9) para, 10) por

Lesson 15

THE SIMPLE FUTURE TENSE

At this point, you know the periphrastic future with the verb IR in Present Tense: "**Ir + a + Infinitive.**"

Example

"**Esta noche voy a tomar cerveza con mis amigos**". (Tonight I'm going to drink beer with my friends.)

We will now learn the simple future tense which while is not that much different in meaning than the periphrastic future, it is used less frequently in spoken word, but it is found more in written texts. For example, we find this used in the newspaper, in horoscopes, economic texts, or ecological texts, etc.

Normally, when we conjugate the verbs, we eliminate the ending (AR-IR-ER) and add something new. However, in the case of the Simple Future tense, we don't get rid of the ending (AR-IR-ER), rather we add on to it.

JUGAR: JugarÉ, JugarÁS, JugarÁ, JugarEMOS, JugarÁN

COMER: ComerÉ, ComerÁS, ComerÁ, ComerEMOS, ComerÁN

VIVIR: ViviRÉ, VivirÁS, VivirÁ, VivirEMOS, VivirÁN

Irregular Verbs change the roots, and they are:

INTERMEDIATE

Tener/Tendr, Haber/Habr, Decir/Dir, Salir/Saldr, Hacer/Har, Querer/Querr, Poder/Podr, Poner/Pondr, Caber/Cabr, Valer/Valdr, Saber/Sabr, Venir/Vendr

While the periphrastic (voy a jugar: I am going to play) translates as "am going to", the simple future tense usually translates as "will", (JugarÉ: I will play).

We usually use this tense with the following expressions:

- **El año que viene/ El próximo año** (The next year)
- **La semana que viene/ La semana próxima** (The next week)
- **El fin de semana que viene/ el próximo fin de semana** (The next weekend)
- **Esta noche** (Tonight)
- **Mañana** (Tomorrow)
- **Pasado Mañana** (The day after tomorrow)
- **En # Días/Meses/Años** (In 3 days)

Let's take a look at a horoscope in Spanish to see some examples:

TU HORÓSCOPO DE HOY (Your Daily Horescope)

El día de hoy el trabajo en equipo **será** el arma secreta para que todo salga justo como deseás. **Tendrás** a tu alrededor a gente dispuesta a colaborar y lograr junto a vos que las metas se cumplan justo a tiempo. Es un buen momento para iniciar sociedades financieras.

INTERMEDIATE

En el trabajo, hay algo que la vida quiere enseñarte, y aunque sus lecciones suelen ser dolorosas, mientras más rápido comprendas el mensaje más pronto **pasarán** los malos momentos.

En el amor, tu pareja te **mostrará** una manera nueva de ver la vida, enseñando caminos que tal vez ni siquiera sospechabas que existían y que te **acercarán** mucho más de lo que imaginas a la verdadera felicidad.

Exercise Lesson 15

1. El próximo martes los diputados y senadores (reunirse) _____ y (discutir) _____ los posibles cambios en el Código Civil.

2. Esta noche Madonna (dar) un concierto, donde (presentar) material de su nuevo álbum. Al finalizar el concierto (salir) en un vuelo hacia Uruguay, donde (presentarse) _____ mañana.

3. Para el próximo partido de la Selección Argentina de Fútbol, el director técnico no (convocar) _____ a Tévez, en su lugar (poner) _____ al Kun Agüero.

4. Para el fin de semana (haber) _____ lluvias aisladas, pero el cielo (despejarse) _____ hacia la noche del día domingo.

5. El nuevo programa de Susana Gimenez (tener) entre sus habituales colaboradores a Miguel del Sel, que (hacer) _____ las secciones de humor del show.

Answers

1) se reunirán-discutirán, 2) dará –presentará-saldrá- se presentará, 3) convocará-pondrá, 4) habrá-se despejará, 5) tendrá-hará

INTERMEDIATE

Lesson 16

THE SIMPLE CONDITIONAL TENSE

The simple conditional tense is used to express what we "would do". For example "**I would buy** a car if I had a million dollars." It is based on conditions.

To conjugate this tense, we don't have to change the ending; rather we add a new ending.

For example

The verb **"Escribir"**

Yo escribir**ía**

Vos escribir**ías**

Ud./Él /Ella escribir**ía**

Nosotros-as escribir**íamos**

Uds./Ellos-as escribir**ían**

It is the same for AR and ER verbs as well.

There are some irregular verbs that change their roots. (The same irregular verbs in the Simple Future tense we studied in lesson 14.):

- Haber: Habr
- Tener: Tendr

- Poder: Podr
- Poner: Pondr
- Hacer: Har
- Querer: Querr
- Caber: Cabr
- Saber: Sabr
- Venir: Vendr
- Decir: Dir
- Salir: Saldr
- Valer: Valdr

Uses:

Wishes

- "**Comería una pizza con jamón, pero estoy a dieta**" (I would eat a pizza with ham, but I'm on a diet.)
- "**Qué pocas ganas de trabajar, dormiría una siesta**" (I don't feel like working at all, I would take a nap.)

Politeness

- "¿**Podrías pasarme la sal?**" (Could you pass me the salt?)
- "¿**Me pasarías la sal?**" (Would you pass me the salt?)
- "¿**Podrías cerrar la puerta?**" (Could you close the door?)
- "¿**Cerrarías la puerta?**" (Would you close the door?)

INTERMEDIATE

As you can see, you can use the verb **Poder** in conditional (**Podrías**) + the next verb in infinitive or directly the principal verb in conditional.

Hypthotetical Situations

- "¿**Saltarías** en paracaídas?" (Would you jump in a parachute?)
- "¿**Vivirías** en una isla desierta?" (Would you live on a deserted island?)

Giving Advice

Problem: "Tengo un problema, tengo que trabajar este fin de semana, pero es el cumpleaños de mi mejor amiga".

1. Yo que vos, **hablaría** con mi jefe". (If I were you, I would talk with my boss.)
2. Yo en tu lugar, **pediría** un reemplazo. (If I were you, I would ask for a replacement.)
3. **Deberías fingir** que estás enferma. (You should pretend that you are sick.)
4. **Podrías** recuperar las horas otro día. (You could make up time another day.)
5. **Tendrías que** conseguir un certificado médico. (You would have to get a medical certificate.)

Exercise Lesson 16

1. ¿Me (prestar-Vos) _____ el diccionario, por favor?
2. Yo en tu lugar, (ponerse) _____ el sombrero negro.
3. Qué pocas ganas de estudiar, (salir-yo) _____ a tomar

una cerveza.

4. ¿Qué (hacer-vos) _____ con 10.000 dólares para gastar en una noche de diversión?

5. (Deber-Nosotros) _____ quedarnos en casa y mirar una película. Hace frío para salir.

6. ¿(Venir-ustedes) _____ conmigo al cine?

Answers

1) prestarías, 2) me pondría, 3) saldría, 4) harías, 5) Deberíamos, 6) Vendrían

INTERMEDIATE

Lesson 17

GIVING ORDERS: THE IMPERATIVE TENSE

The Imperative tense is used to give:

Orders: ¡Portate bien! (Behave yourself!)

Instructions: Inserte su tarjeta y presione ENTER. (Insert your card and press Enter.)

Advice: Si vas a Buenos Aires, comé bife de chorizo. (If you go to Buenos Aires, eat a bife de chorizo.)

Advertisments: Compre sus frutas en Minimark. (Buy your fruits in Mini mark.)

Invitations: Pasá, Sentate (Pass, sit down)

With the imperative, we will take a look at some differences between "Tú" and "Vos" (you, singular and informal). Remember that we don´t use "tú" in Argentina, but it has been added here so you can read it and be alert if you hear it.

How do you form the imperative?

VOS:

Vos is almost always regular: We take off the R and we add an accent. Tomár/Comé/Viví (drink/eat/live)

TÚ:

When the verb is ended in **AR**, for example: **JUGAR**, we have to think of **Jugar** in Present tense **(Juego)**, and change **o** to **A**: Jueg**A**

When the verb is ended in **ER**, for example: **VOLVER**, we have to think in **Volver** in the present tense **(Vuelvo)**, and change **o** to **E**: Vuelv**e**

When the verb is ended in **IR**, for example: **PEDIR**, we have to think of **Pedir** in the present tense **(Pido)**, and change **o** to **E** Pid**e**

There are some Irregular Verbs in **Tú**, the verbs whose ending is "-go" in present tense in the first person: **Tener-Ten/Decir-Dí/Hacer-Haz/ Poner-Pon/Traer-Trae/Venir-Ven/Salir-Sal**

USTED:

Usted in the imperative is like **Yo** in the present tense, but when the verb ends in **AR** it will change the **o** to **E** and when it ends in **ER- IR** its will change to **A**.

Example: Usted Juegu**E**/Usted Teng**A**/Usted Viv**A**

USTEDES:

Ustedes is like Usted but adding "n": Ustedes Jueguen/Ustedes Tengan/Ustedes Vivan.

Completely Irregular Verbs:

- IR: Vos Andá/Tú Ve/Usted Vaya/Ustedes Vayan
- SER: Vos Sé/Tú Sé/Usted Sea/Ustedes Sean

INTERMEDIATE

- ESTAR: Vos Estáte/Tú Está/Usted Esté/Ustedes Estén
- DAR: Vos Da/Tú Da/Usted Dé/Ustedes Den
- SABER: Vos Sabé/Tú Sabe/Usted Sepa/Ustedes Sepan

When we use pronouns with the imperative tense, in the affirmative form we add them to the end:

Dá**selo**, él se lo merece. (Give it to him, he deserves it.)

- Pedí**melo** "por favor". (Ask me, "please.")
- Ducha**te**, tenés mal olor. (Take a shower, you smell bad.)

The Imperative in the negative form is different than in the affirmative form.

In the negative form, **Tú/Vos** use the same conjugation as **Usted** but adds a "S".

For example, we take the usted form: Usted haga su trabajo (Do your work.)

And add the s:

- **Vos no Hagas tu trabajo** (Don't do your work.)
- **Tú no Hagas tu trabajo.** (Don't do your work.)

The pronouns go before the verb:

- Afirmative: ¡**Lavate las manos!** (Wash your hands!)
- Negative: ¡**No te las laves!** (Don't wash them!)
- Afirmative: **Decíme la verdad.** (Tell me the truth)
- Negative: **No me la digas, es muy dolorosa.** (Don't tell me

INTERMEDIATE

it, it is very painful)

Now, for little practice, we are going to learn how to prepare "Mate", a traditional Argentine tea drink. The imperative is frequently used to give instructions or in recipes, so this is a good way to learn. Like in most instructions, we are going to use the form "Usted". The words in bold are the uses of the imperative.

Caliente agua en la pava, es importante que no hierva. **Ponga** yerba en el mate. **Tape** la boca del mate con una mano y **agítela** para quitarle el polvo a la yerba. **Agregue** una gota de agua fría en la yerba y luego inserte la bombilla. Si le gustan las bebidas dulces, **agregue** un poquito de azúcar. Finalmente **eche** agua caliente solo donde está la bombilla (es mejor no mojar toda el agua) y **beba** hasta que se termine el agua. Nunca **mueva** la bombilla (esta acción separa el agua de la yerba y pierde su sabor original: el mate "se lava"). Si está con otras personas, **comparta** el mate. Usted es el "cebador": la persona que sirve siempre el mate.

Exercise Lesson 17

Order the next verbs according the instructions of: "Cómo preparar empanadas" and conjugate the verbs in Usted.

- **Cortar aceitunas**
- **Hornear las empanadas hasta que estén doradas**
- **Poner un poco de la preparación en cada una de las tapas**
- **Cortar morrón**
- **Poner sal y pimienta a gusto**

INTERMEDIATE

- **Picar cebolla**
- **Comprar carne picada**
- **Comprar en el supermercado tapas para empanadas**
- **Mojar el bode de las tapas con agua**
- **Cerrar las tapas**
- **Freir**

Answers

- Compre en el supermercado tapas para empanadas
- Compre carne picada
- Corte aceitunas
- Corte morrón
- Pique cebolla
- Fría todo junto
- Ponga sal y pimienta a gusto
- Moje el bode de las tapas con agua
- Ponga un poco de la preparación en cada una de las tapas
- Cierre las tapas
- Horneé las empanadas hasta que estén doradas

Lesson 18

THE PLUPERFECT TENSE – THE PAST BEFORE THE PAST

It has a big scary name, but the "Pretérito Pluscuamperfecto" is easy to grasp once you understand the concept behind it. It is the "past before the past." We use it when in the same sentence we talk about something that happened in the past and also something that happened before that.

So let's examine the following situation: **Yo llegué a la casa a las 7.30 (A) y mi novio salió de casa a las 6 (B).** (I arrived home at 7.30 (A) and my boyfriend went out at 6(B).)

past--------B---------A---------present

We have two actions that happened in the past and one of them (B) happened before the other one (A). So how would we talk about both of these in the same sentence?

Example:

"Cuando llegué a casa mi novio ya **había salido**". (When I arrived home, my boyfriend had already gone out).

"Cuando mi novio salió, yo todavía **no había llegado**". (When my boyfriend went out, I hadn't arrived yet.)

As you can see, when we use it in this way, we almost always use ya or todavía.

INTERMEDIATE

The pluperfect is formed with the Imperfect Tense of the verb **Haber + Past Participle**

Yo **había**

Vos **habías**

Ud./Él/Ella **había**

Nosotros-as **habíamos**

Uds./Ellos-as **habían**

+ PAST PARTICIPLE

+ caminar = camin**ADO**

+ comer = com**IDO**

+ Vestir = vest**IDO**

Irregulars Past Participle Verbs: Decir/Dicho, Hacer/Hecho, Escribir/Escrito, Morir/Muerto, Volver/Vuelto, Abrir/Abierto, Ver/Visto, Descubrir/Descubierto, Romper/Roto.

We also use the Pluperfect when we speak about our first experience with something:

"Antes de venir a Buenos Aires <u>nunca había probado</u> el dulce de leche." (Before coming to Buenos Aires I had never tried the dulce de leche.)

"<u>Nunca antes se había maquillado.</u>" (She never put on makeup before.)

We also use Pluperfect to determine the causes of an event:

- **Juan y Ana se separaron a los 6 meses de casados.** (John and Anna separated after 6 months of marriage.)

- **¿Habían vivido juntos antes?, ¿Se habían peleado anteriormente?** (Had they lived together before?, Had they fought before?)

Another example

Louis regresó a Londres el fin de semana pasado. El último año había estado viajando por Latinoamérica. En Inglaterra Louis se puso a dar clases de español porque en Buenos Aires él había aprendido el idioma. (Louis returned to London last weekend. The past year he had been traveling in Latin America. In England, Louis began to give Spanish classes because in Buenos Aires he had learned the language.)

Exercise Lesson 18

Write sentences using YA an TODAVÍA as in the example

- **Milena llegó al estadio a las 5, y el concierto comenzó a las 7.**

- Cuando Milena llegó al estadio el concierto todavía no había comenzado.

- Cuando el concierto comenzó, Milena ya había llegado al estadio.

1. El avión aterrizó a las 7. Roberto llegó al aeropuerto a las 7.15.

2. Brian nació en 1981 y Ralph en 1975.

3. La clase empezó a las 9, así que Lucas llegó tarde.

INTERMEDIATE

4. Empezó a llover, después de que salí de casa.

Answers

1. Cuando el avión aterrizó Roberto todavía no había llegado al aeropuerto.

   Cuando Roberto llegó al aeropuerto, el avión ya había aterrizado.

2. Cuando Ralph nació, Brian todavía no había nacido.

   Cuando Brian nació, Ralph ya había nacido.

3. Cuando la clase empezó Lucas todavía no había llegado.

   Cuando Lucas llegó, la clase ya había empezado.

4. Cuando salí de casa, todavía no había empezado a llover.

   Cuando empezó a llover, yo ya había salido de casa.

Lesson 19

READING SONG LYRICS IN SPANISH

Listening to music a great way to learn Spanish. Not only will it help you develop new vocabulary, some songs are great examples of usage of certain verb tenses. This lesson aims to introduce you to some great Spanish language based music while using the lyrics to give you a killer Spanish Lesson!! We aren't going to provide the translations in English this time, it is before for you to read over the lyrics and see how much you can make out. Good luck!

If you would like to listen to one of the songs as you read along, just head over to YouTube and you will be able to find them.

ONCE Y SEIS. Fito Paez

Esta canción muestra el uso del contraste entre el Pretérito Perfecto Simple (Indefinido) y el Pretérito Imperfecto. (This song will show us the contract between the Pretérito Perfecto Simple (Indefinido) y el Pretérito Imperfecto).

En un café se vieron por casualidad

cansados en el alma de tanto andar,

ella tenía un clavel en la mano.

Él se acercó, le preguntó si andaba bien

llegaba a la ventana en puntas de pie,

INTERMEDIATE

y la llevó a caminar por Corrientes.

¡Miren todos! Ellos solos

pueden más que el amor

y son más fuertes que el Olimpo.

Se escondieron en el centro

y en el baño de un bar sellaron todo con un beso.

Durante un mes vendieron rosas en La Paz,

presiento que no importaba nada más

y entre los dos juntaban algo.

No sé por qué pero jamás los volví a ver.

Él carga con once y ella con seis,

y, si reía, él le daba la luna…

PASTILLAS PARA NO SOÑAR by Joaquín Sabina

Una canción que enseña a la perfección el uso del Imperativo para dar consejos; y la variante de conjugación en afirmativo y negativo para la segunda persona del singular (Tú). (This song will teach use of the Imperativo to give advice and the various conjugations in affirmative and negative for "tú".)

Si lo que quieres es vivir cien años

no pruebes los licores del placer.

si eres alérgico a los desengaños

olvídate de esa mujer.

compra una mascara antigás,

mantente dentro de la ley.

si lo que quieres es vivir cien años

haz músculos de 5 a 6.

y ponte gomina que no te despeine

el vientecillo de la libertad.

funda un hogar en el que nunca reine

mas rey que la seguridad,

evita el humo de los clubs,

reduce la velocidad,

si lo que quieres es vivir cien años

vacúnate contra el azar.

deja pasar la tentación

dile a esa chica que no llame más

y si protesta el corazón

en la farmacia puedes preguntar:

¿tienen pastillas para no soñar?

INTERMEDIATE

si quieres ser matusalén

vigila tu colesterol,

si tu película es vivir cien años

no lo hagas nunca sin condón,

es peligroso que tu piel desnuda

roce otra piel sin esterilizar,

que no se infiltre el virus de la duda

en tu cama matrimonial.

y si en tus noches falta sal

para eso esta el televisor.

si lo que quieres es cumplir cien años

no vivas como vivo yo.

Lesson 20

SHOPPING IN A CLOTHING STORE –VOCABULARY

In this lesson we are going to learn about communication in a clothing store. Since it is about communication, the translation probably won't be literal; but we will make it as close as we can to the actually translation.

After this we are going to take a look at some grammar. Throughout the lesson, you should be able to learn some valuable vocabulary.

- *Hola, buenos días, ¿deseabas/ querías ver algo?* (Hello, good day, did you want to see something?)
- Here we have two options to respond:
  - *No, gracias, estoy mirando.* (No thanks, I'm just looking.)
  - *Bueno, cualquier cosa que quieras ver avisame.* (Ok, anything you want to see, let me know)

Or, option 2:

- *¿Qué precio tiene esa remera que está en vidriera?* (How much is that t-shirt in the glass?) *-¿La azul?, 89 pesos.* (The one that is blue? 89 pesos.)
- *¿Me la puedo probar?* (Can i try it on?)
- *Dale, ¿qué talle usás?* (Of course, what size are you?)
- *Soy medium en general.* (Generally, I am a medium.)
- *Te busco una...* (I will go see if we have one.)
- *Acá está; allá atrás tenés el probador.* (Here we have it; back

INTERMEDIATE

there is the dressing room.)

- *Bien, gracias.* (Great, thanks)
- *¿Cómo te quedó?* (How did it fit?)
- *Me queda un poco grande. ¿Tenés otra más chica?* (It is a littlebig. Do you have another smaller?)
- *Sí, tenemos, y también tenemos otros estilos más ajustadas.* (Yes, we have. Also we have other style hat are more stretchy.)
- *¿Y?, ¿Cómo te fueron?* (And? How were they for you?)
- *Bien, me gusta la azul claro, la llevo.* (Great, I like the light blueone, I am going to go with this.)
- *Bárbaro, ¿querés aprovechar para ver otras cosas?* (Great, while you are at it, would you like to see some other things?)
- *Mmmm... quiero llevar algo para usar arriba que combine con estos jeans.* (Mmm...I want to find a top that would go well with these jeans.)
- *Tengo una camisa, mangas cortas que están llevando mucho, mira... están por allá colgadas, hay en varios colores y talles, para vos sería un small.* (I have a short sleeve shirt that everyone is wearing these days, look on these hangers, there is a variety of different colors and sizes, you would be a small.)
- *¿Cuánto es todo?* (How much for all of this?)
- *En efectivo $310. También podés pagar en 3 cuotas sin interés con tarjeta.* (With Cash 310, and also you can pay for the main three installments with no interest using your credit card.)
- *No, no, efectivo, ¿la ropa tiene cambio?* (No, I will pay with cash. Will I be able to bring the clothes back if I change my mind?)
- *Sí, con la boleta, cualquier día menos el sábado.* (Yes, with the receipt, any day with exception of Saturday.)

GRAMMAR

In order to not repeat, it is usual in Spanish to use the Definite Article (El/Los/La/Las) and a characteristic from the object.

Article + Que + Phrase with verb

Article + Adjective

Article + de + noun

For example:

- Quiero ver ese jean. <u>El que tiene botones</u>.
- Me gustan esas sandalias.
- ¿Cuáles?
- <u>Las rojas</u>.
- ¿Te gusta esta campera?
- Mmmmm…Prefiero <u>la de bolsillos</u>.

INTERMEDIATE

Lesson 21

THE VERBS "VENIR-IR" AND "TRAER-LLEVAR"

"Venir-ir" as well as "traer-llevar" are verbs that don´t follow the regular translation in English.

Venir-Ir: even when we usually translate "venir" as "to come" and "ir" as "to go" the use of them are different in Spanish than in English.

When we use "venir" we are making reference to "here" (acá) and we are talking about something that is approaching (real or hypothetically) to my body, to the place where we are talking.

- "Tenemos que esperar hasta que venga el servicio técnico".
- "Mis padres van a venir a visitarme en Junio".
- "¿Vas a venir a mi cumpleaños?".
- "Sr., la próxima vez que venga tiene que traer su documento".

So, even when in English you can be talking on your cell phone and say "I am coming", this is impossible in Spanish, because you are walking away from the place while you are talking.

In this context, it is the same with the verb "traer".

In the restaurant: "¿Me puede traer una copa de vino?"

At the School: "Hoy no traje la tarea, pero mañana la voy a traer sin falta"

In the Gym: "Podés comenzar a entrenar hoy, pero en esta semana debés traer el apto físico."

When we talk about "Ir" and also "Llevar" we are talking about "there" or "over there" (ahí – allá). We talk about leaving the place where we are talking.

- "Mañana voy a ir a la casa de mi mamá a ayudarla con la computadora".
- "¡Estoy yendo! Voy a llegar tarde, no me esperen para cenar".
- "¿Fuiste al kiosco y no me trajiste chocolates?"

IRSE means "to leave", to leave a place to go to another one. The emphasis is on leaving the place where you are.

Exercises Lesson 12

1. ¡Hola! ¿Hacen delivery de pizza?

    - Claro, ¿Qué desea?

    - ¿Puede _____ me una pizza grande con jamón y morrones?

2. Cuando _____ para acá me encontré con Gustavo, me contó que _____ a España por una beca.

3. En cuanto pueda _____ a visitarte a Buenos Aires, voy a _____ te chocolates de Australia.

4. *You live in a building. And the delivery person is downstairs and you at your place upstairs.*

    - ¿Hola?

    - Sí, el delivery de comida

    - Un momento, ya _____.

INTERMEDIATE

5. No me gusta que _____ de casa sin decirme nada.

6. Jefe: ¡Fernandez! Todos los días____ tarde al trabajo, ¿no funciona su despertador?

7. ¿A dónde _____ con esas flores?

8. ¡Hola amor! Esperame que estoy _____ para allá, salí un poco tarde de casa porque justo me llamó mi hermano.

Answers

1) traer, 2) venía, se va, 3) ir, llevar, 4) voy, 5) te vayas, 6) viene, 7) vas, 8) yendo

ADVANCED

ADVANCED

Lesson 1

VERBS OF CHANGE

"Verbs of Change" indicate the change from one status to another status. For instance, we use these verbs when we describe becoming something in terms of an emotional state that is temporary, a change that is permanent and changes that were made as a decision. We have different verbs to indicate a change according to the circumstances. Let's get right to it.

PONERSE +adjective

"**Ponerse**" indicates a sudden and temporary change. Also, this change is involuntary.

- "**Se puso nervioso durante el examen**". (He got nervous during the exam.)
- "**Yo me pongo triste cuando veo perros sin dueño**". (I get sad when I see stray dogs.)

VOLVERSE + adjective

or

VOLVERSE +una persona + adjective

"**Volverse**" is an involuntary change but permanent. Generally, we are speaking about negative changes when we use it.

- "**Se volvió loco por culpa de la crisis**". (He went crazy because of the crisis.)

- "**Se volvió una persona muy egocéntrica desde que consiguió ese empleo.**" (She became a very self-centered person since she got that job.)

HACERSE

With "**Hacerse**" the subject has had a decision in the change and is normally used to talk about changes of religion or ideology.

- "**Madonna se hizo judía**". (Madonna became Jewish.)
- "**Él se hizo socialista después de un viaje por Latino America.**" (He became a socialist after a trip through Latin America.)

QUEDARSE/QUEDAR

"**Quedar**" is a change that is the result of a process.

For example, after a session with a hairdresser we can say:

- "**Quedó muy linda.**" (It turned out very nice.)

  Or after painting the wall:

- "**La pared quedó pintada**". (The wall was painted.)

We use "quedar" to say: "**Quedó embarazada**" (she got pregnant). And for the results of an accident: "**Quedó paralítico**"/"**Quedó ciego**". (He was paralyzed/He went blind.)

CONVERTIRSE EN + Noun

This verb is used for an important change. It is not a sudden change, and it is not always necessary to be the result of human intervention.

- "Esta ciudad se convirtió en una ciudad muy

ADVANCED

cosmopolita". (This city became a very cosmopolitan city.)

- "**Cuando Perón murió, su mujer Isabel se convirtió en presidente**". (When Perón died, his wife, Isabel, became president.)

LLEGAR A + Infinitive

"Llegar a + Infinitive" is a change that is a result of the effort to achieve a goal.

- "**Lula llegó a ser presidente de Brasil**". (Lula became President of Brazil.)

- "**Es tan buen guitarrista que llegó a tocar con los Rolling Stones**". (He is such a good guitarist that he ending up playing with the Rolling Stones.)

Exercise Lesson 1

1. Christian _____ una persona muy caprichosa, después de vivir 3 meses con sus tíos que lo consentían en todo.

2. Silvana _____ colorada cuando leyó su cuento delante de toda la clase.

3. Steve Jobs empezó armando computadoras en un garage y _____ ser el presidente de una de las compañías más prestigiosas.

4. Lorena _____ vegetariana, y por eso perdió un poco de peso.

5. Este barrio _____ en un barrio muy popular después de que algunos famosos se mudaron aquí.

6. Yo _____ contenta cuando recibí la noticia de que iba a ser tía.

7. Es un muy buen tenista, puede _____ ser número uno del mundo algún día.

8. Marcela _____ con algunos problemas para caminar después de su caída, pero va a recuperarse pronto.

Answers

1) Se volvió, 2) se puso, 3) llegó a, 4) se hizo, 5) se convirtió, 6) me puse, 7) llegar a, 8) quedó

ADVANCED

Lesson 2

SER AND ESTAR IN THE PAST

Sometimes when students arrive to an advanced level of Spanish they start to confuse "Ser" and "Estar" again because with the introduction of the Past Tense, it gets a little more complicated and they have to think about if they should use Ser or Estar AND also if they should use the Imperfect or Indefinite Past.

Let's take a look at some examples that will hopefully clear up any doubts.

SER

"Ser" is a verb used to talk about characteristics that define a person or thing: origin, color, material, personality, ideology, profession or activity. Also, we use Ser to talk about dates and time.

Pretérito Indefinido: **Fui, fuiste, fue, fuimos, fueron.** This tense is used when we want to talk about a specific action from the past with time expressions like: **ayer, anoche, la semana pasada, en 1875, hace 3 años.** Also, we use this tense if we say the exact duration of the action.

- "Kennedy **fue** presidente de Estados Unidos desde 1961 hasta 1963, cuando fue asesinado." (Kennedy was the U.S. president from 1961 until 1963, when he was killed.)

- "Ayer **fue** un lindo día". (Yesterday was a beautiful day.)

ADVANCED

Pretérito Imperfecto: era, eras, era, éramos, eran. This tense is used to talk about descriptions in the past or habits in Past. Usually it is used is the context or situation in which something happens.

- **"La casa en la que vivía cuando era niña era grande y tenía un patio en la parte de atrás".** (The house where he lived as a child was large and had a patio in the back.)

- **"La ex novia de Miguel era muy simpática e inteligente".** (Michael's ex girlfriend was very nice and intelligent.)

ESTAR

"Estar" is a verb used to talk about conditions or the localization of everything (with exception to events).

Pretérito Indefinido: estuve, estuviste, estuvo, estuvimos, estuvieron.

- **"El fin de semana no salí, estuve todo el finde en casa".** (Over the weekend I did not go out, I was home all weekend.)

- **"Ayer estuve mirando televisión casi todo el día".** (Yesterday I was watching TV most of the day.)

The difference between "miré televisión" and "estuve mirando televisión" is the emphasis on the duration of the action.

Pretérito Imperfecto: estaba, estabas, estaba, estábamos, estaban.

- **"En la fiesta todas las sillas estaban ubicadas alrededor de la mesa".** (At the party all the chairs were placed around the table.)

- **"Pienso que Ale estaba triste ayer, por eso no salió."** (I

ADVANCED

think Alexander was sad yesterday, so he did not go out.)

- **"Estaba cocinando cuando llamaste, por eso no llegué a atender el teléfono"**. (I was cooking when you called, so I did not answer the phone.)

Exercise Lesson 2

1. Esa _____ una fiesta muy buena, todos _____ bailando toda la noche.
2. Cuando llegué a la cita, él _____ mirando a una chica que pasaba.
3. En la escuela primaria mi materia favorita _____ Biología.
4. Brasil _____ campeón mundial de fútbol en 1994.
5. Anoche salí a caminar, porque _____ triste y quería despejarme
6. ¡Qué linda foto! Ella es Nilda, _____ mi novia entre 1995 y 1997.
7. Les toqué la puerta, pero ellos no _____ en su habitación.
8. Antes _____ amigos, pero hubo un problema entre nosotros y nos peleamos.

Answers

1) fue-estuvieron, 2) estaba, 3) era, 4) fue, 5) estaba, 6) fue, 7) estaban, 8) éramos

Lesson 3

THE SUBJUNCTIVE MOOD IN THE PRESENT

It is time to learn a very important but also a very difficult aspect of the Spanish language called the Subjunctive. The Subjunctive is not a tense rather it is a mood. Just to recap: We have 3 Moods in Spanish: Indicative, Imperative and Subjunctive. The Subjunctive has 4 tenses of its own: Present Subjunctive, Perfect Subjunctive, Imperfect Subjunctive and Pluperfect Subjunctive.

Conjugation of the Subjunctive in the Present Tense

Yo	Ame	Coma	Viva
Vos	Ames	Comas	Vivas
Ud./Él/Ella	Ame	Coma	Viva
Nosotros-as	Amemos	Comamos	Vivamos
Uds./Ellos-as	Amen	Coman	Vivan

If the ending of the verb is Ar, we take the "Yo" form in the Present Indicative and change O to E.

If the ending of the verb is Er or Ir, we take the "Yo" form in Present Indicative and change O to A.

For example

Tener: Yo Tengo

ADVANCED

Present Subjunctive: Yo tenga, Vos tengas, Ud./Él/Ella tenga, Nosotros-as tengamos, Uds./Ellos-as tengan.

VERY IRREGULAR VERBS IN SUBJUNCTIVE: (Because is not possible to conjugate them with the above formula):

- **IR:** vaya, vayas, vaya, vayamos, vayan
- **SER:** sea, seas, sea, seamos, sean
- **ESTAR:** esté, estés, esté, estemos, estén
- **SABER:** sepa, sepas, sepa, sepamos, sepan
- **DAR:** dé, des, dé, demos, den
- **HABER:** haya, hayas, haya, hayamos, hayan

Subjunctive for "Nosotros/Nosotras"

Now you are going to learn how to conjugate "nosotros" in Subjunctive, because it sometimes doesn´t follow the rules that we have explained before, and they are different for the irregular verbs that change the "O" to UE or "E" to IE in the Present Tense (Indicative).

When we have a verb that in Present Indicative changes O to UE, it won't change if its ending is AR or ER. For example "probar": yo pruebe, vos pruebes, ella pruebe, **nosotros probemos,** ellos prueben. If the ending is IR we only change o to U. For example "dormir": duerma, duermas, duerma, **durmamos**, duerman.

When we have a verb that in Present Indicative changes I to IE, it won't change if its ending is AR or ER. For example "Pensar": yo piense, vos pienses, ella piense, **nosotros pensemos,** ellos piensen. But if the verb´s ending is IR it will change in "Nosotros" only E to IE. For example: "sentir": yo sienta, vos sientas, ella sienta, nosotros **sintamos,** ustedes sientan.

So now that we know the conjugation of the Present Subjunctive, how do we use it?

Wishes & Desires

- **Quiero que…**
- **Espero que…**
- **Ojalá (que)…** (Ojalá is an expression from Arabian and always needs the Subjunctive. It can be used with "que" or without "que", there is not a difference)
- **Me gustaría que…**
- **Necesito que…**

When we use these expressions, we need to use the Subjunctive mood. We always need to use the Subjunctive mood when we are speaking about a wish or desire that relates to one subject but the action is from another subject. Example: "I hope that you have a good weekend". "I" am doing the wishing, but "you" are doing the action of "having a good time."

When the subject is the same, we only need to use the Infinitive.

Let's see some examples of both cases:

Infinitive: "Quiero estudiar el próximo año". (I want to study next year.)

ADVANCED

Subjunctive: "Quiero que **estudies** el próximo año, así podrás cambiar de trabajo". (I want that you study next year, so you can change your job.)

- ¿Cuáles son sus deseos para el año que viene? (What are your wishes for the coming year?)
    - Yo quiero hacer un viaje muy largo. (I want to do a long trip.)
    - Espero que todas las personas del mundo **tengan** comida. (I hope that all people in the world have food.)
    - Ojalá que **haya** paz. (I hope for peace.)

It is also necessary to use the Subjunctive with orders and favors:

Pedidos

- **Te pido que**…(I ask you)
- **Te ruego que**…(I beg you)
- **Te ordeno que**…(I order you)
- **Te suplico que**…(I beg you)

"Te pido que **firmes** todos los papeles y luego me los **entregues**." (I ask you to sign all the papers and then give me them.)

"Mi madre me pide siempre que la **ayude** con computación." (My mother always asks me to help her with her computer.)

"Te ruego que **llegues** más temprano la próxima vez." (I beg you come earlier next time.)

Exercise Lesson 3

Querida Lucy:

Lamento no poder estar en tu casamiento por estar trabajando lejos de la ciudad. Realmente deseo que (tener) _____ una fiesta maravillosa y que ustedes (ser) muy felices juntos. Espero que ambos (vivir) _____ un día muy especial y ojalá que (recibir) _____ muchos regalos. También quiero que (sacar-vos) _____ muchas fotos en tu luna de miel, así puedo ver esos magníficos paisajes. Te ruego que me (escribir) _____ cada tanto.

Con amor, Sahra.

Querida Lucy:

Lamento no poder estar en tu boda por estar trabajando lejos de la ciudad. Realmente deseo que **tengas** una fiesta maravillosa y que ustedes **sean** muy felices juntos. Espero que ambos **vivan** un día muy especial y ojalá que **reciban** muchos regalos. También quiero que **saques** muchas fotos en tu luna de miel, así puedo ver esos magníficos paisajes. Te ruego que me **escribas** cada tanto.

Con amor, Sahra.

ADVANCED

Lesson 4

SUBJUCTIVE MOOD – OPINIONS & DOUBTS

The subjunctive is very useful in discussions and to comment on or to debate various topics.

These opinions use Indicative when they are in an affirmative form, but they use Subjunctive when are in a negative form.

- **(No) Pienso que...** (I don't think that...)
- **(No) Creo que...** (I don't believe that/I don't think that)
- **(No) Considero que...** (I don't consider that)
- **(No) Me parece que...** (I don't think that)

Affirmative Mood:

- <u>**Pienso que**</u> **París es la ciudad más bella del mundo.** (I think Paris is the world's most beautiful city.)

Subjunctive Mood:

- **No pienso que París <u>sea</u> la ciudad más bella del mundo.** (I do not think Paris is the most beautiful city in the world.)

Something to be careful about:

- **Creo que no sos inteligente.** (I think that you are not smart.)

As in the above example, even though this opinion is a negative opinion, its grammar is not in the negative form, so it doesn't use Subjunctive.

More examples with subjunctive:

- **No me parece que ese cantante cante bien.** (I do not think that singer sings well.)
- **No considero que este restaurante sea muy caro.** (I do not think that this restaurant is very expensive.)

We also use the Subjunctive with Impersonal Opinions when we have a subject after the opinion:

- **Es lógico que…** (It is logical that)
- **Es bueno que…** (It's good that)
- **Es importante que…** (It's important that)
- **Es malo que…** (It is bad that)

And always with the structure "**Es + Adjective + que…**"

Infinitive:

"**Es bueno tomar 2 litros de agua por día**". (It is good to drink 2 liters of water per day.)

Subjunctive Mood:

"**Es bueno que tomes dos litros de agua por día**". (It's good that you drink two liters of water per day.)

They can be in affirmative or in negative. In both cases you haveto use Subjunctive.

But, sadly, we have some exceptions that use Indicative:

- **Está claro que…** (It is clear that…)

ADVANCED

- **Es obvio que…** (It is obvious that….)
- **Es verdad que…** (It is true that….)

"**Es verdad que Madrid es la capital de España**" (It is true that Madrid is the capital of Spain.)

However, when these last phrases are in a negative form, they use Subjunctive.

"**No es obvio que Malena traiga bebidas, quizás deberíamos comprarlas**". (It is not obvious that Malena will bring drinks, maybe we should buy them.)

The Subjunctive is also necessary when we use "**Me parece + adjective**" or "**Me parece + un-a + noun**".

For example: Me parece terrible que el gobierno reprima a los manifestantes / Me parece una tontería que te enojes por algo así.

Another case where it is necessary to use the Subjunctive is with Doubts:

- **Es probable que…** (It's likely that)
- **Es posible que…** (It's possible that)
- **Puede ser que…** (It could be that)

"**Es probable que mañana no pueda venir a trabajar, porque me duele la garganta**". (It is likely that tomorrow I can't come to work because my throat hurts.)

Other expressions of doubt can use both the Subjunctive and the Indicative without changing the meaning:

- **Tal vez** (Maybe/Perhaps)
- **Quizás** (Maybe)
- **Probablemente** (Probably)
- **Posiblemente** (Possibly)

"**Tal vez voy a la fiesta**" = "**Tal vez vaya a la fiesta**" (Maybe I will go to the party.)

There is another phrase that only uses Indicative:

- **A lo mejor** (Maybe)

"**Tiene la frente caliente, a lo mejor tiene fiebre.**" (He has a warm forehead, maybe he has a fever.)

Exercises Lesson 4

Think about these topics and make opinions about that.

- Los hombres manejan mejor que las mujeres.
- La tecnología aleja a la gente más de lo que la acerca.
- La comida mexicana es la mejor comida del mundo. (La más sabrosa)
- No es bueno tener animales si vives en un departamento.
- La fidelidad no existe.

ADVANCED

Lesson 5

SUBJUNCTIVE WITH EMOTIONS

The Subjunctive is also used when we speak about the emotions from a subject according to the action from another subject. When the Subject is the same, we use Infinitive.

For example

Infinitive: "Me gusta salir con mis amigas." (I like going out with my friends.)

Subjunctive: "Me gusta que <u>salgas</u> con tus amigas."(I like that you go out with your friends.)

So, we will use Subjective with these phrases:

- **Me gusta que** (I like that)
- **Me molesta que** (It's bother me that)
- **Me irrita que** (It irritates me that)
- **Me da bronca que** (I feel anger that)
- **Me pone triste que** (Makes me sad that)
- **Me pone contento/a que** (Makes me happy that)
- **Me encanta que** (I love that)

Let's take a look at an example of a boyfriend and girlfriend and what bothers them about their significant other.

A Leticia le molesta que Pablo no le hable cuando mira la televisión. También le irrita que siempre ponga mala cara cuando van a la casa de los padres de ella. A veces le da bronca que él tenga una relación amistosa con su ex novia.
(It bothers Leticia that Pablo doesn't speak to her when he watches TV. She is also angry that he always has a bad face when they go to the home of her parents. Sometimes it bothers her that he has a friendly relationship with his ex girlfriend.)

A Pablo le pone triste que Leticia no le digalo que le pasa. Le encanta que ella <u>salga</u> con sus amigas pero le molesta que ella se enoje cuando él sale con sus amigos. Además, no le gusta tener que ir a casa de sus padres todos los domingos.
(It makes Pablo sad that Leticia doesn't tell him what is going on. He loves that she goes out with her friends but it bothers him that she gets mad when he goes out with his friends. Also, he doesn't like to go to her parent's house every Sunday.)

Exercise Lesson 5

Tom and Adam are visiting a new city, change the phrases below using their emotions and subjunctive.

Example

- Los autobuses no pasan con frecuencia

    "A ellos les molesta que los autobuses no pasen con frecuencia".

- Es un poco peligroso caminar por la noche.
- Las calles están un poco sucias.

ADVANCED

- La gente es muy servicial, siempre te ayuda a encontrar el lugar a donde querés llegar.
- ¡Hay muchos parques!
- ¡Dios mío!, todo es muy caro.
- La comida acá es fantástica.

Lesson 6

SUBJUNCTIVE + TIME EXPRESSIONS

There are time expressions that use the Subjunctive when we have an idea of the future, a real future or eventual future. These time expressions only use the Subjunctive when it is in relation to the future. When we are talking in the present or the past with these following expressions, we use the affirmative mood.

Let's take a look at the time expression "Cuando" (when) at it relates to different tenses and we will see in which case it needs the Subjunctive:

Habit in the Present: "**Cuando tomo café, no puedo dormir**". (When I drink coffee, I cannot sleep.)

Habit in the Past: "**Cuando iba a la escuela, me gustaba la clase de Literatura**". (When I went to school, I liked literature class.)

Particular fact in the Past: "**Cuando llamó Daniel, me puse contenta**". (When Daniel called, it made me happy.)

Real Future – Needs Subjunctive: "**Cuando termine este curso, voy a hablar muy bien español**". (When I finish this course, I'm going to speak Spanish very well.)

Eventual Future- Needs Subjunctive: "**Cuando estés triste, llamame**". (When you are sad, call me.)

ADVANCED

We also use Subjective in relation to the Future, with the following expressions:

1. **Cuando (When)**
   - **¿Cuándo vas a escribir un libro?** (When are you going to write a book?)
   - **Cuando tenga algo importante para contar.** (When I have something important to tell.)
   - **¿Qué vas a ser cuando <u>seas</u> grande?** (What are you going to be when you grow up?)
   - **Cuando <u>sea</u> grande voy a ser bombero.** (When I grow up I'm going to be a firefighter.)

2. **Apenas (As soon as)**
   - **Apenas <u>llegue</u> a casa, voy a sacarme estos zapatos.** (As soon as I get home, I will take off these shoes.)

3. **En cuanto (As soon as)**
   - **En cuanto él me <u>pague</u>, me iré.** (As soon as he pays me, I'll go.)

4. **Tan pronto como (As soon as)**
   - **Tan pronto como <u>llegues</u>, llamame.** (As soon as you arrive, call me.)

5. **Ni bien (As soon as)**
   - **Ni bien <u>tengan</u> noticias, cuéntenmelas.** (As soon as you have news, tell me.)

6. **Hasta que (Until)**
   - **Voy a estudiar español <u>hasta que</u> hable fluido.** (I will study until I speak fluent Spanish.)

7. **Después de que (After)**

- **Después de que lleva, va a estar más fresco.** (After it rains, it will be cooler.)

8. **Antes de que (Before)**

    - **Antes de que te vayas, quiero decirte algo.** (Before you go, I want to tell you something.)

9. **El día que (The day that)**

    - **El día que madures, vas a entender lo que te digo ahora.**

(The day you mature, you'll understand what I am telling you now.)

Exercise Lesson 6

Think about these questions and answer using Subjunctive. For example:

- ¿Cuándo vas a tomarte vacaciones?

- Cuando termine con mis exámenes (voy a tomarme vacaciones).

- ¿Cuándo vas a ducharte?
- ¿Cuándo vas a escribir un libro?
- ¿Cuándo vas a llamar al electricista?
- ¿Cuándo vas a saltar en paracaídas o hacer algún deporte riesgoso?
- ¿Cuándo vas a ir a Río de Janeiro?
- ¿Cuándo vas a preparar una buena cena?

ADVANCED

Lesson 7

SUBJUNCTIVE + PARA QUE

One use of PARA is the "purpose" or "objective" of something.

For example: "**Estudio español para hablar con mis amigos hispanohablantes**". (I study Spanish so I can speak with my Spanish- speaking friends.)

"**Juan se quiere casar para obtener una visa**". (Juan wants to get married in order to get a visa.)

As you can see, when we have the same subject before and after PARA, we use the verb in the Infinitive.

But sometimes we have different subjects before and after **PARA**, which results in the need to use the Subjunctive. Let's see the difference between the following sentences:

<u>Same subject before and after the PARA</u>: "**Los políticos hacen promesas para ganar elecciones.**" (Politicians make promises to win elections.) "Los políticos" is the subject before the "para" and the "para ganar" after the "para" is in relation to "los políticos."

<u>Different subject before and after the PARA – needs Subjunctive</u>: "**Los políticos hacen promesas para que la gente los vote.**" (Politicians make promises so that the people will vote for them.) "Los políticos" is the subject before the "para que", but "la gente" is the subject after the "para que".

Therefore, after "para que", we have to use Subjunctive. More examples:

- **"Sus padres le pagan sus estudios para que él no tenga que trabajar y termine la universidad en poco tiempo."** (His parent's pay for his studies so he doesn't have to work and so he finishes university in a short time).

- **"Los famosos se esconden para que nadie los moleste."** (Famous people hide so nobody bothers them)

Another common use of **"Para que"** is when we speak about the utility of something.

- **¿Para qué sirve un bolígrafo?** (What is a pen for?)
  - **Un bolígrafo sirve para escribir.** (A pen is used to write.)
  - **Sirve para que <u>escribamos</u> cartas.** (It allows us to write letters.)

- **¿Para qué sirve una radio?** (What is a radio for?)
- **Para que <u>escuchemos</u> las noticias.** (It allows us to listen to the news.)

Exercise Lesson 7

Answer the next questions

1. ¿Para qué las tiendas hacen ofertas?
2. ¿Para qué existen las escuelas?
3. ¿Para qué le escribimos cartas a Papá Noel (Santa Claus)?
4. ¿Para qué llevan cascos los jugadores de fútbol americano?
5. ¿Para qué lavás los platos?

ADVANCED

Lesson 8

SUBJUNCTIVE + RECOMMENDATIONS

In Spanish there are different ways to give recommendations or advice. For example, if someone asks us what he or she could do during his or her time in Buenos Aires, we can answer:

Tener + que + Infinitive:

- **Tenés que estudiar español.** (You have to study Spanish.)

Poder + Infinitive:

- **Podés estudiar español.** (You can study Spanish.)

Deberías + Infinitive:

- **Deberías estudiar español.** (You should study Spanish.)

Yo que vos + Conditional:

- **Yo que vos, estudiaría español**. (If I were you, I would study Spanish.)

Yo en tu lugar + Conditional:

- **Yo, en tu lugar, estudiaría español.** (If I were in your place, I would study Spanish.)

Si yo fuera vos + Conditional:

- **Si yo fuera vos, estudiaría español.** (If I were you, I would study Spanish.)

Imperative:

¡Estudiá español! (Study Spanish!)

But you can use Subjunctive too:

Te recomiendo que (I recommend that)

- **Te recomiendo que estudies español.** (I recommend that you study Spanish.)

Te sugiero que (I suggest that)

- **Te sugiero que estudies español.** (I suggest that you study Spanish.)

Te aconsejo que (I advise that)

- **Te aconsejo que estudies español.** (I advise that you study Spanish.)

Exercise Lesson 8

Cuando vayas a tomar un avión te recomiendo que (hacer) _____ el check in con anticipación, te sugiero que (ponerse) _____ zapatos cómodos para sacarte en el aeropuerto. Te aconsejo que no (llevar) _____ elementos cortantes con vos. Cuando pasàs por migraciones ellos te exigen que (mostrar) _____ el pasaporte y te piden que (llenar) _____ un formulario si es un viaje internacional.

Answers

1) hagas, 2) te pongas, 3) lleves, 4) muestres, 5) llenes

ADVANCED

Lesson 9

SONGS TO LEARN THE SUBJUNCTIVE

Music lyrics are a great way to learn a foreign language. The following songs use the Subjunctive mood a great deal and will help to grasp the concept much better. Take a look!!

OJALÁ by Silvio Rodríguez

El uso del Presente del Subjuntivo con la expresión de deseo "Ojalá". Es importante recorder que Ojalá puede usarse con o sin "que". Ojalá (que) + Subjuntivo. (This song will help use understand the present subjunctive with the expression "Ojalá"/hopefully. You can use "Ojalá" with or without "que".

Ojalá que las hojas no te toquen el cuerpo cuando caigan para que no las puedas convertir en cristal.

Ojalá que la lluvia deje de ser milagro que baja por tu cuerpo.

Ojalá que la luna pueda salir sin tí.

Ojalá que la tierra no te bese los pasos. Ojalá se te acabe la mirada constante, la palabra precisa, la sonrisa perfecta. Ojalá pase algo que te borre de pronto: una luz cegadora, un disparo de nieve.

Ojalá por lo menos que me lleve la muerte, para no verte tanto, para no verte siempre en todos los segundos, en todas lasvisiones, ojalá que no pueda tocarte ni en canciones.

Ojalá que la aurora no dé gritos que caigan en mi espalda.

Ojalá que tu nombre se le olvide a esa voz.

Ojalá las paredes no retengan tu ruido de camino cansado.

Ojalá que el deseo se vaya tras de tí,

a tu viejo gobierno de difuntos y flores.

SI TE VAS By Shakira

El uso del Subjuntivo en esta canción da la idea de futuro después de "Cuando", "Después que", "El día en que". (The use of the subjunctive in this song gives the future idea after the expressions "Cuando", "Después que", "El día en que"')

Cuéntame que harás después que estrenes su cuerpo.

Cuando muera tu traviesa curiosidad.

Cuando memorices todos sus recovecos y decidas otra vez regresar...

Ya no estaré aquí en el mismo lugar

Si no tiene mas que un par de dedos de frente Y descubres que no se lava bien los dientes

Si te quita los pocos centavos que tienes y luego te deja solo tal como quiere

Se que volverás el día en que ella te haga trizas sin almohadas para llorar

Pero si te has decidido

ADVANCED

Y no quieres más conmigo nada ahora puede importar porque sin ti

El mundo ya me da igual

Si te vas

Si te vas

Si te marchas

Mi cielo se hará gris

Si te vas

Si te vas

Ya no tienes

Que venir por mí

Si te vas

Si te vas

Y me cambias

 Por esa bruja, pedazo decuero

No vuelvas nunca más

Que no estaré aquí

Toda escoba nueva siempre barre bien Luego vas a ver desgastadas las cerdas

ADVANCED

Cuando las arrugas le corten la piel

Y la celulitis invada sus piernas

Volverás desde tu infierno con el rabo entre los cuernos implorando una vez más

Pero para ese entonces

Yo estaré un millón de noches lejos de esta enorme ciudad, lejos de ti ...

El mundo ya me da igual

SÓLO LE PIDO A DIOS by León Gieco

Nuevamente el Subjuntivo con Pedidos. (The subjunctive with orders.)

Sólo le pido a Dios

que el dolor no me sea indiferente, que la reseca muerte no me encuentre

vacío y solo sin haber hecho lo suficiente.

Sólo le pido a Dios

que lo injusto no me sea indiferente, que no me abofeteen la otra mejilla

después de que una garra me arañó esta suerte.

Sólo le pido a Dios

ADVANCED

que la guerra no me sea indiferente, es un monstruo grande y pisa fuerte toda la pobre inocencia de la gente.

Sólo le pido a Dios

que el engaño no me sea indiferente

si un traidor puede más que unos cuantos, que esos cuantos no lo olviden fácilmente.

Sólo le pido a Dios

que el futuro no me sea indiferente, desahuciado está el que tiene que marchar a vivir una cultura diferente.

Lesson 10

PERFECT SUBJUNCTIVE

The Perfect Subjunctive mood is used to express desires, emotions, doubts and opinions about the past. For example: "I hope you had a great weekend". We are expressing in the present "I hope you" something that relates to the past "had a great weekend."

Verb HABER in Present Subjunctive + Past Participle

    Yo Haya

    Vos Hayas

    Ud./Él/Ella Haya

    Nosotros-as Hayamos

    Uds./Ellos-as Hayan

+ PAST PARTICPLE:

    AMAR=AMADO

    TENER=TENIDO

    VIVIR=VIVIDO

Irregulars Past Participle Verbs: Decir/Dicho, Hacer/Hecho, Escribir/Escrito, Morir/Muerto, Volver/Vuelto, Abrir/Abierto, Ver/

Visto, Descubrir/Descubierto, Romper/Roto. And the words with this endings.

Let's take a look at some examples.

Desires:

- "Espero que Juan <u>haya hecho</u> su tarea". (I hope that John has done his homework.)
- "Ojalá que mi marido <u>haya llegado</u> a casa, porque me olvidé las llaves en la oficina". (I hope my husband is at home, because I forgot the keys in the office.)

Emotions:

- "Me encanta que <u>hayas venido</u> a mi fiesta". (I love that you have come to my party.)
- "Andrea debería estar aquí, tengo miedo de que se <u>haya perdido</u>". (Andrea should be here, I am afraid that she might have gotten lost.)

Doubts:

- "La policía aún no tiene muchas pruebas. es posible que no <u>haya sido</u> ella quien robó la billetera". (The police do not have much evidence. It is possible that she was not the one who robbed the wallet.)
- "Ricardo vino a casa con los dientes rotos. es probable que <u>haya tenido</u> una pelea callejera". (Ricardo came home with broken teeth. It is likely that he was in a street fight.)

Opinions (When they are in the negative.):

- "Esa torta parece comprada, no creo que la <u>haya hecho</u> ella". (That cake looks bought. I do not think that she made it.)

ADVANCED

- "Ambos reprobaron el examen. No pienso que <u>hayan estudiado</u> mucho". (Both failed the exam. I do not think they studied alot.)

Impersonal opinions:

- "Es importante que <u>hayas traído</u> tu pasaporte, sin él no podrás viajar". (It is important that you brought your passport, you can't travel without it.)
- "Es bueno que <u>hayas estudiado</u> español para este trabajo, porque ahora el mercado latino es muy grande". (It's good that you have studied Spanish for this job, because now the Hispanic market is very large.)

Exercise Lesson 10

1. Espero que (traer-ustedes) _____ la tarea que les pedí.

2. Es importante que los ciudadanos (entender) _____ las consignas para votar que salieron ayer en el periódico.

3. Es probable que Juan (salir) _____ anoche, pues tiene cara de cansado.

4. No creo que ella te (engañar) _____ , quizás (ser) _____ un malentendido.

5. Es bueno que (comprar-vos) _____ un auto el verano pasado, ahora están mucho más caros.

6. No es cierto que yo (mentir) _____ cuando la policía me preguntó sobre lo que había visto.

7. Es raro que Martín (olvidarse) _____ el celular en su casa, pero no me responde.

8. Ojalá mi madre me (dejar) _____ comida preparada en la heladera.

ADVANCED

Answers

1) hayan traído, 2) hayan entendido, 3) haya salido, 4) haya engañado-haya sido, 5) hayas comprado, 6) haya mentido, 7) se haya olvidado, 8) haya dejado.

Lesson 11

IMPERFECT SUBJUNCTIVE

We will explain when you use the Imperfect Subjunctive in a bit, but first it is important to understand how to conjugate it. To conjugate the Imperfect Subjunctive it is very important to remember the Indefinite Preterit in its third person plural. To conjugate the Imperfect Subjunctive, we start by the root of the Indefinite Preterit in third person plural and change the end **-on** to new endings.

For example

The Verb **IR** in the Indefinite Preterit third person: Ellos Fueron

Imperfect Subjunctive:

Yo Fuer**a**

Vos Fuer**as**

Ud./Él/Ella Fuer**a**

Nosotros-as Fué**ramos**

Uds./Ellos-as Fuer**an**

Tener: Tuviera, tuvieras, tuviera, tuviéramos, tuvieran

It is important to know that there exists two ways to conjugate this tense. The other way is by changing -RON from Indefinite Preterit to: ase, ases, ase, ásemos, asen (when the verb´s ending is

ADVANCED

AR) or ese, eses, ese, ésemos, esen (when the verb´s ending is ER or IR). For example: IR can be conjugated Yo fuera o fuese. They mean exactly the same thing and you can use them both however you would like. In this lesson we will only take a look at the first way to conjugate it, but it is important to know the other way in case you encounter it in the real world.

Now let's take a look at its use:

1. **We use it in the same cases as the Present subjunctive but when the principal verb is in Past or in Conditional.**

For example:

- **"Quiero que vengas esta noche".** (I want you to come tonight.)
- **"Quería que <u>vinieras</u> anoche".** (I wanted you to come last night.)
- **"Querría que me <u>visitaras</u> más seguido".** (I would like you visit me more frequently.)

2. **With Ojalá:**

When we use Ojalá with the Present Subjunctive we are speaking about a possible desire:

- "Ojalá que esta noche no llueva". (I hope it doesn't rain tonight.)
- But when we use Ojalá with Imperfect Subjunctive we are speaking about impossible desires:
- "Ojalá **<u>hubiera</u>** montañas en la ciudad de Buenos Aires". (I wish there were mountains in Buenos Aires.)

3. **With Como si (as if):**

ADVANCED

- "Ese hombre canta como si **fuera** un perro". (This man sings as if he were a dog.)

- "Habla como si **supiera** más que el resto". (He speaks as if he knew more than the rest.

4. **With the Unreal Conditional structure: SI + Imperfect Subjunctive +Conditional**

    - "Si yo **fuera** presidente, crearía un día más para el fin de semana." (If I were president, I would create an extra day for the weekend.)

    - "Si **tuviera** mucho dinero, daría la vuelta al mundo en barco." (If I had a lot of money, I would go around the world by boat.)

Exercise Lesson 11

A. *Elige la forma correcta del verbo. Presente, Perfecto o Imperfecto del Subjuntivo.*

1. Lamento no haber podido ir a tu fiesta. Espero que (pasar) _____ un lindo día de cumpleaños.

2. Me gustó que me (traer) _____ flores.

3. Estoy preparando comida para que los niños (comer) _____ algo antes de ir a la excursión.

4. Es una lástima que (perderse- vos) _____ el show. Fue uno de los mejores que vi.

5. Tan pronto como (llegar- vos) _____, llamame.

6. Mis padres me recomendaron que (hacer) _____ un viaje a Berlín para aprender alemán.

7. Es probable que (llover) _____ esta noche.

8. Marina cortó con su novio porque le molestaba que él (seguir) _____ viendo a su ex novia en el trabajo.

ADVANCED

9. Es importante que (estudiar) _____ para el examen anoche. Este examen es muy difícil.

10. No creo que José (saber) _____ jugar al fútbol.

11. Continuaré preguntándole hasta que me (decir) _____ la verdad.

12. Cuando era pequeña quería que Papá Noel (venir) _____ también durante mi cumpleaños, y no sólo en Navidad.

Answers

1) hayas pasado, 2) hayas traído, 3) coman, 4) te hayas perdido, 5) llegues, 6) hiciera, 7) llueva, 8) siguiera, 9) hayas estudiado, 10) sepa, 11) diga, 12) viniera

B. *Answer the questions like in the example:*

- ¿En qué situación harías una cena especial?
- Haría una cena especial si quisiera tener una cita romántica.

1. ¿En qué situación saltarías por la ventana?
2. ¿En qué situación bailarías desnudo/a en la calle?
3. ¿En qué situación pintarías tu pelo de rosa?
4. ¿En qué situación comerías comida de perro?
5. ¿En qué situación te mudarías a otro país?

ADVANCED

Lesson 12

PLUPERFECT SUBJUNCTIVE

The Pluperfect Subjunctive is formed with the Imperfect Subjunctive of the verb HABER + the Past Participle.

Yo Hubiera

Vos Hubieras

Ud./Él/Ella Hubiera

Nosotros-as Hubiéramos

Uds./Ellos-as Hubieran

+ PAST PARTICIPLE:

PRACTIC**AR** = PRACTIC**ADO**

VEN**DER** = VEN**DIDO**

SAL**IR** = SAL**IDO**

Irregulars Past Participle Verbs: Decir/Dicho, Hacer/Hecho, Escribir/Escrito, Morir/Muerto, Volver/Vuelto, Abrir/Abierto, Ver/Visto, Descubrir/Descubierto, Romper/Roto. And the words with this endings.

1. **The Pluperfect Subjunctive is used principally to form the "Impossible Conditional Structure".**

SI + Pluperfect Subjunctive + Simple or Compound Conditional

ADVANCED

This structure is used to talk about what would have happened in the past if something different had happened.

For example: "If I would have graduated from college I would have better job opportunities."In that example, we are talking about if something would of happened differently in the past, what would be happening in the present right now.

It can also be used in the same way but instead of what would be happening right now, what would have happened. For example "If I would have graduated from college I would have had better job opportunities."

Let's take a look at some examples in Spanish:

- "**Si Michael Jackson no hubiera muerto, su médico no habría ido a prisión**". (If Michael Jackson hadn't died, his doctor wouldn't have gone to prison.) This different past modifies the past.

- "**Si Michael Jackson no hubiera muerto, estaría haciendo una gira alrededor del mundo.**" (If Michael Jackson hadn't died, he would be doing a world tour.) This different past modifies the present.

This structure is commonly used to talk about our own lives and what would have happened or what would be different if we would have done something different in the past.

- ¿Qué habría pasado **si hubieras nacido en otro país?** (What would have happened if you were born in another country?)

- ¿Qué habría pasado **si hubieras nacido con otro sexo?** (What would have happened if you were born as

ADVANCED

the opposite sex?)

2. We Use the Pluperfect Subjunctive with ojalá to talk about how we wish something would or wouldn't have happened in the past.

- **Ojalá John Lennon no <u>hubiera muerto</u>.** (I wish John Lennon hadn´t died.)
- **Ojalá yo <u>hubiera estudiado</u> francés cuando era pequeña.** (I wish I had studied French when I was little.)

3. It is also used to speak about a condition in the past that didn't happen but you wished would of happened in relation to something immediately in the present.

For example:

- "**¿Por qué te enojaste mucho ayer en la cena con tus padres?**" (Why were you very angry yesterday at dinner with your parents?)
- "**Me molestó que <u>no hubieras llegado</u> temprano; y también que no <u>hubieras comprado</u> un postre para compartir**". (It bothered me that you had not come early, and you had not bought a dessert to share.)

4. We can use this tense with "Como si" to talk about something compared to something in the past that actually didn´thappen.

For example:

Juan llora como si hubiera muerto su gato. (John cries as if his cat had died)/ **Esteban habla de la segunda Guerra Mundial como si hubiera estado allí.** (Esteban talks about World War II as if he had been there)

ADVANCED

Exercise Lesson 12

1. ¿Qué habría pasado si John Lennon hubiera tenido Facebook?

2. ¿Qué habría pasado si hubieras nacido en el 1800?

3. ¿Quién habrías elegido ser, si hubieras podido elegir al momento de nacer?

4. ¿Qué habría pasado si Colón no hubiera llegado a América?

5. ¿Qué habría pasado si Kennedy y Marilyn Monroe hubieran tenido un hijo juntos?

Lesson 13

"Should Have/Could Have Done…"

Many Spanish students wonder how to say: "I should have/could have/ done something" in the past. For example, "I should have made dinner reservations." Let´s take a look at how we express this idea in Spanish.

The correct way to express this is to use:

The verb "Deber" in Conditional tense + Haber + Past Participle ("Should have…")

Debería haber salido

We also have a second option (which means the same thing):

The verb "Tener" in conditional tense + que + Haber + Past Participle (Should have…)

Tendría que haber comido

We also have a third option in order to express "could have."

The verb "Poder" in conditional tense + Haber + Past Participle ("I could have …")

Podría haber ido

- **Debería haber ido al cine contigo, porque no hice nada divertido el sábado por la noche.** (I should have gone to the cinema with you, because I ended up not doing anything fun on Saturday night).

ADVANCED

Let's look at a situation in the past and then analyze it according to what should have or could have been done, in which we will practice using the above verb constructions.

"Ricardo pasó mucho tiempo pensando en qué comprarle a su amiga para su cumpleaños. Pensó en comprarle ropa, pero le pareció un regalo muy aburrido. Después pensó en un libro, pero no sabía qué tipo de libros podrían gustarle. Finalmente decidió regalarle un gato. Leila, su amiga, pasó toda la noche estornudando, porque es alérgica a los gatos."
(Ricardo spent a lot of time thinking about what to get his friend for her birthday. He thought about buying clothes, but it seemed like a very boring gift. Then he thought of a book, but he did not know what kind of book she might like. Finally he decided to give her a cat. Leila, his friend, spent the night sneezing, because she is allergic to cats.)

Let's look at some comments we could make in relation to what happened:

- **Ricardo <u>debería haberle preguntado</u> a su amiga si le gustaban los gatos.** (Ricardo should have asked his friend if she liked cats.)

- **Ricardo <u>tendría que haber pensado</u> en algo más simple, como un perfume.** (Ricardo should have thought of something simpler, like a perfume.)

- **Ricardo <u>podría haber investigado</u> qué tipo de libros le gustaban.** (Ricardo could have investigated what kind of books she liked.)

- **Ricardo <u>debería haberle comprado</u> ropa, a las chicas siempre les gusta.** (Ricardo should have bought clothing,

ADVANCED

girls always like clothes.)

We can also add comments using the Pluscuam perfect Subjunctive.

Si + Pluperfect Subjunctive + Conditional (Simple or Compound: according to whether the situation affects the past or the present).

- **Si <u>hubiera sabido</u> que ella era alérgica, no le habría regalado un gato.** (If he had known she was allergic, he wouldn't of gave a cat).

- **Si él no le hubiera regalado un gato, ahora no se sentiría culpable por su alergia.** (If he had not given her a cat, he wouldn't feel guilty about it right now.)

Exercise Lesson 13

Imagine how these situations could have been different or what should they have done:

1. Pablo vio una camisa que le gustó e inmediatamente la compró. Más tarde vio una camisa que le gustaba más, pero ya no tenía dinero.

2. Juana decidió ir con sus amigas a pasar el fin de semana a la costa. Después de comprar los pasajes se dio cuenta de que en la ciudad había un concierto de su banda favorita.

3. Carolina salió mucho durante su primer cuatrimestre en la universidad, llegaba tarde a las clases y casi nunca hacía la tarea. Perdió el cuatrimestre completo y tuvo que cursarlo otra vez.

ADVANCED

Lesson 14

OJALÁ

As we have already gone over some of the uses of "Ojalá", it is time to learn about it a little more. "Ojalá" is not a verb, it is an expression of desire that has its roots in the Arabic language. This expression is always used with Subjunctive, and it has different meanings according to what tense from the Subjunctive mood we use.

OJALÁ + PRESENT SUBJUNCTIVE

This form is used to talk about a possible desire in the present or the future.

- **"Ojalá que no llueva esta noche"**. (Hopefully it will not rain tonight.)
- **"Ojalá que esta película tenga un final feliz"**. (Hopefully this film has a happy ending.)

OJALÁ + IMPERFECT SUBJUNCTIVE

When we use this form, we are talking about an Impossible Desire in the Present.

- **"Ojalá hubiera montañas en Buenos Aires"**. (I wish there were mountains in Buenos Aires.)
- **"Ojalá el chocolate no engordara"**. (Hopefully the chocolate doesn't make one fat.)

OJALÁ + PAST PERFECT SUBJUNCTIVE

With this form, we are talking about a possible desire about the past. It is possible because we don't know what actually happened.

- **"Ojalá no haya llovido ayer en la fiesta de mi prima que vive en California".** (Hopefully it didn't rain yesterday at my cousin's party who lives in California.)
- **"Ojalá que la gente haya votado al candidato de nuestro partido, no puedo esperar los resultados".** (Hopefully people have voted for the candidate of our party, I can't wait for the result.)

OJALÁ + PLUPERFECT SUBJUNCTIVE

If we want to speak about an impossible desire about the past, we have to use this form. It is impossible, because the past already happened and it is impossible to change it.

- **"Ojalá no hubiera muerto Elvis Presley".** (I wish Elvis didn't die.)
- **"Ojalá no me hubiera cortado el pelo, no me gusta el resultado".** (I wish I didn't cut my hair, I don't like the result.)

Let's imagine a situation, the same situation for the four forms.

We are at home and the power goes out....

You call the electrician and you think: "Ojalá que venga el electricista". (I hope the electrician comes.)

ADVANCED

He finally says that he can't come to day, but may be tomorrow, so, you think: "Ojalá viniera el electricista". (Hopefully the electrician comes.)

The next day you are arriving home from work but your roommate has been at the house waiting for the electrician. You think "Ojalá que haya venido el electricista". (Hopefully the electrician has come.)

You enter to your home and you learn that the electrician never showed up. So, you think: "Ojalá hubiera venido el electricista". (I wish the electrician had come.)

Exercises Lesson 14

Hiciste una fiesta anoche. Tu casa está completamente sucia y desordenada. La persona que limpia tu casa, Silvina, se comprometió a ir al día siguiente, pero a veces es un poco irresponsable.

1. Apenas termina la fiesta pensás:

    Ojalá....

2. Si la chica cuando la llamaste te dijo: "No puedo ir, estoy en el hospital". Vos pensás...

    Ojalá...

3. Si fuiste a trabajar y dejaste las llaves para ella en un lugar secreto. No sabés si ella llegó o no. Vos pensás...

    Ojalá...

4. Si llegaste a tu casa después del trabajo y ella no fue a limpiar.

Pensás...

Ojalá...

Answers

1. Ojalá que Silvina venga mañana.
2. Ojalá viniera Silvina.
3. Ojalá que haya llegado.
4. Ojalá hubiera venido Silvina.

ADVANCED

Lesson 15

THE FUTURE PERFECT

The Future Perfect is formed with:

Future of the verb "Haber" + Past Participle

Habré

Habrás

Habrá + Past Participle

Habremos

Habrán

+ PAST PARTICPLE:

AMAR=AMADO

TENER=TENIDO

VIVIR=VIVIDO

Irregulars Past Participle Verbs: Decir/Dicho, Hacer/Hecho, Escribir/Escrito, Morir/Muerto, Volver/Vuelto, Abrir/Abierto, Ver/Visto, Descubrir/Descubierto, Romper/Roto. And the words with this endings.

This tense is used when we are talking about a future, in relation with another future that happened before.

For example:

- "El lunes **habremos terminado** de pintar las paredes". (On Monday we will have finished painting the walls.)

So if we visualize the sentence in a time graph, it would look something like this:

Present------"terminamos"--------"lunes"------future

- "En 2035, 2.000 hectáreas de bosques **habrán desaparecido** debido a la creciente deforestación". (In 2035, 3.000 hectares of forest will have disappeared due to increasing deforestation).

2012----- Desaparecen 3.000 hectáreas----2035-----future

This tense has another use that is completely different. This conjugation is also used to talk about assumptions about a situation in the past.

- **¿Dónde está Juan?** (Where is Juan?)
- **No sé, habrá ido al kiosco.** (I don't know, maybe he went to the kiosk.) = Quizás haya ido al kiosco.
- **¿Habrá llevado las llaves?** (When it is in a question the person is asking you an opinion) (Do you think he brought the keys?)

Exercise Lesson 15

- Imagina el año 2050, ¿qué pensás que habrá pasado cuando lleguemos a ese año?

For example: Pienso que para el 2050 se habrán inventado más fuentes de energía alternativas.

ADVANCED

Lesson 16

Future with Probabilistic Value

While you have learned the future tense in past intermediate lessons, it is also used for some more complicated situations that don't have anything to do with the future. It is used to make guesses when we don't know something for sure.

For Example:

"¿Cuántos años tiene Julia Roberts?"

Maybe you know the answer, and you can answer: **"Tiene 44 años"**.

Or maybe you don't know how old is she… so, you can answer:

"Debe tener 42".

"Quizás tiene 42".

"Tendrá 42".

The last 3 answers mean that you are not sure, you are imagining that she is 42 years old.

"¿Dónde está mi guitarra?"

"No sé, <u>estará</u> en tu cuarto." (I imagine/suppose it is in your room.)

When we are speaking about the past tense, we use the verb HABER in the Simple Future and Past Participle.

- **¿A dónde fue Juan?** (Where did Juan go?)
- **No sé, <u>habrá ido al kiosco</u>.** (I don't know, I suppose/maybe he went to the kiosk.)
- **¿Cómo desaparecieron los Mayas?** (How did the Mayans disappear?)
- **<u>Habrán pasado</u> a una cuarta dimensión por una puerta.** (Maybe they went through a door into a 4th dimension?)

Also, you can use it in a question:

- "**¿Hará frío afuera?** " (Is it cold outside?)
- "**¿Quién <u>habrá inventado</u> el chicle?**" (Who invented chewing gum?)

It means that you know that the other person doesn't know the right answer, you are looking for an "personal opinion".

Exercise Lesson 16

Imaging what is happening o what could have happen in the next situations:

1. Esteban tiene mala cara.
2. Un niño está llorando.
3. Leonardo y Julieta faltaron hoy a clases.
4. Mi madre está gritándole a mi hermanito.
5. Una mujer está corriendo por la calle sin zapatos.
6. Nosotros no tenemos más dinero en nuestra cuenta bancaria.

ADVANCED

Lesson 17

RELATIVE PRONOUNS

Relative pronouns are used to merge two ideas. The second idea speaks about the noun from the first idea.

When they are only used to not repeat the noun, these sentences are called "Oraciones Especificativas".

- **"Las casas que tienen pileta pagan más impuestos"**. (The houses that have pools pay more taxes.)

But, when the Relatives Pronouns are used to speak about something referred to the first noun, but it is not really necessary, they are called "Oraciones Explicativas".

- **"Las casas, que suelen ser más grandes que los departamentos, son más aptas para familias grandes"**. (Houses, which tend to be bigger than apartments, are more suitable for big families.)

Relative Pronouns:

- **que**
- **el que, los que, la que, lasque**
- **lo que**
- **quien, quienes**
- **el cual, los cuales, la cual, las cuales**
- **lo cual**
- **cuyo, cuyos, cuya, cuyas**

ADVANCED

- **donde**

"**Que**" is the most common, and can be referred to objects or persons.

- "**El auto que quiero comprar cuesta muy caro**". (The car that I want to buy is more expensive.)
- "**El hombre que saludé era mi vecino**". (The man who I said hello to was my neighbor.)

"El que, la que, los que and las que", are used when the noun was mentioned beforehand.

- "**¿Qué foto te gusta más?**" (What photo do you like better?) "**La que me mostraste primero**". (The one you showed me first.)
- "**Los que hayan terminado el examen pueden salir**". (Those who finished the test can go.)

"**Lo que**" could be translated like "the thing" or "the things". In this case we can be talking about something male, female, singular or plural.

- "**Lo que me preocupa es no poder pagar el alquiler**". (What worries me is not being able to pay the rent.)
- "**Lo que más me gusta de esta casa son las ventanas**". (What I like most about this house are the windows.)

"**Quien/quienes**" are only used for people and it goes with a preposition before it.

- "**El chico con quien vivo tiene 3 hermanos**". (The boy with who I live with has 3 brothers.)
- "**Los trabajadores de la tarde, a quienes vi en el bar,**

serán sancionados". (The afternoon workers, whom I saw at the bar, will be punished.)

"el cual, los cuales, la cual, las cuales", can replace **"Que/quien/quienes/donde"** and are more formal.

These need a preposition beforehand when they are in sentences "Especificativas".

"La torre, desde <u>la cual</u> se ve la ciudad, es un punto turístico muy importante". (The tower, from which the city can be seen, is a major tourist attraction.)

The preposition is not necessary in sentences "Explicativas"

- **"Este parque, <u>el cual</u> figura en el mapa, es uno de los más grandes de la ciudad"**. (This park, which is on the map, is one of the largest in the city.)

"Lo cual" makes reference to ideas mentioned beforehand.

- **"Hay mucha gente pidiendo dinero en la calle, <u>lo cual</u> me pone muy triste"**. (There are many people asking for money in the street, which makes me very sad.)

"Cuyo/a/os/as" is used to talk about possession.

- **"El guardia, <u>cuyo</u> uniforme es azul, trabaja de 6 a 12"**. (The guard, whose uniform is blue, works from 6 to 12.)

- **"Las personas, <u>cuyos</u> salarios no superan los $3.000, no pueden tomarse vacaciones"**. (People, whose salaries do not exceed $3,000, cannot take vacations.)

"Donde" is a relative pronoun used to talk about places. It is replaceable by "en que, en el que, en el cual, en la que, en la cual, en los cuales, en las cuales".

- "La casa <u>donde</u> nací está en la calle Andrés Lamas". (The house where I was born is on the street Andres Lamas.)

Exercises Lesson 17

Complete with the relative most appropriate. Sometimes there are more than one option.

1. El profesor, _____ hija también da clases, se llama Alfredo Rosso.
2. Los chicos con _____ me iré de vacaciones tienen casa en Punta delEste.
3. Robaste, _____ me parece muy mal.
4. La tienda _____ compramos esos zapatos no existe más.
5. El puente, desde _____ saltó ese loco, es considerablemente alto.
6. El hijo de mi jefe, de _____ estuve enamorada, se divorció recientemente.
7. Las plantas _____ se murieron no deberían haber estado al sol.

Answers

1) cuya, 2) quienes or los cuales, 3) lo que, 4) donde or en la cual or en la que, 5) el que or el cual, 6) quien, 7) que

ADVANCED

Lesson 18

AUNQUE

"Aunque" is used in the Indicative Present Tense when we are referring to something that we know is true. "Aunque" means "although/even though" in English. "Aunque" can be used in many different contexts in Spanish.

When we use **"Aunque"** in the Indicative Present Tense about something we know is true, "Aunque" means "although/even though" in English.

- **"Aunque no me siento bien, vamos a ir al partido"**. (Although I don't feel well, we are going to go to the match.)
- **"Aunque hizo muchos ejercicios mal, aprobó el examen"**. (Although he got a lot of answers wrong, he passed the test.
- **"No compró vino, aunque se lo pedí"**. (He didn't buy wine, even though he ordered it.)

When we want to talk about facts that we don't know happened or if they will happen, we use Present Subjunctive or Perfect Subjunctive. In this context **"Aunque"** means "Even if".

- **"Aunque me ofrezcan poco dinero, voy a aceptar el trabajo, porque me interesa la experiencia"**. (Even If they don't offer me that much money, I am going to take the job, because the experience interests me.)
- **"Aunque el fin de semana llueva, la fiesta se hará igual, porque hay un salón techado"**. (Even if it rains this weekend, the party will be the same because there is a roof.)

- **"Aunque Lupe haya escuchado nuestro secreto, no creo que se lo cuente a nadie".** (Even if Lupe had heard our secret, I don't believe she told anyone.)

Also, we can use the Present Subjunctive or the Perfect Subjunctive if we don't agree totally about something that our interlocutor said.

- **Este café no es muy bueno.** (This coffee is really good.)
- **Aunque no sea muy bueno, me encanta el bar, por eso vengo cada día".** (Even if it is not that good, I love the bar, so I come every day.)
- **París es la ciudad más linda del mundo.** (Paris is the most beautiful city in the world.)
- Mmmmm, **aunque París sea la ciudad más linda del mundo**, la noche en este hotel es demasiado cara. (Even if Paris is the most beautiful city in the world, one night at this hotel is too expensive.)

Aunque + Imperfect Subjunctives used when we are speaking about something that we think is not probable or is not real.

- **"Aunque tuviera mucho dinero, yo no compraría un viaje a la luna".** (Even if I had a lot of money, I would not buy a trip to the moon.)
- **"Aunque mi casa fuera muy grande, no tendría otro perro, ellos necesitan mucho cuidado".** (Even if my house was really big, I wouldn't have another dog, they require a lot of care.)

There is connector similar to "Aunque" with a similar meaning: "a pesar de", but it can be used also with the Infinitive and a noun. "A pesar de" means: despite, in spite of, etc.)

ADVANCED

A pesar de + Infinitive:

A pesar de ser muy joven, él tiene mucho talento para ser jefe. (In spite of being very young, he has a lot of talent to be the boss.)

A pesar de + Noun:

A pesar de su fortuna, ella no es feliz. (Despite her fortune, she is not happy.)

A pesar de que + Conjugated Verb:

A pesar de que trabaja muchas horas, no consigue ahorrar para comprarse un departamento. (Despite working a lot of hours, I was unable to save to buy an apartment.)

Lesson 19

Conditional Periphrastic

This periphrasis is used when we speak about the intention of doing an action, but it is not done for whatever reason. That reason could be expressed in Past, Present or Future.

Verb "IR" in Imperfect Tense + a + Infinitive Verb

Yo iba + a + hablar

Vos ibas + a + ir

Ud./Él/Ella iba + a + comer

Nosotros-as íbamos + a + correr

Uds./Ellos-as iban + a + salir

- "<u>Íbamos a ir</u> al cine pero no encontramos entradas". (We were going to go to the movies, but we didn't find tickets.)
- "Fede <u>iba a venir</u>, pero está enfermo y necesita quedarse en su casa descansando". (Fede was going to come, but he is sick, and he needs to stay resting at home.)
- "<u>Iba a ir</u> al campo el fin de semana, pero parece que va a llover". (I was going to go to the farm this weekend, but it is going to rain.)

You can express an intention also using:

Pensaba + Infinitive

- "Pensaba cocinar pollo con papas, pero como una de

ADVANCED

> **las invitadas es vegetariana, voy a preparar pastas"**. (I was thinking of cooking chicken with potatoes, but as one of the guests is a vegetarian, I am going to prepare pasta.)

Quería + Infinitive

- **"Quería comprarme zapatos nuevos este fin de semana, todas las tiendas están haciendo la liquidación de verano, pero creo que no tendré tiempo de ir porque debo estudiar para el examen"**. (I wanted to buy new shoes this weekend, all the stores are doing a summer liquidation, but I will not have time to go because I must study for the test.)

Also, we use the Imperfect Tense to talk about actions that are modified in its inception or development.

For example:

- **"Salía de casa, pero sonó el teléfono, y tuve que regresar"**. (I was going out, but the phone rang, and I had to return.)
- **"Estaba tomando nota de lo que el cliente decía, pero se cayó el sistema"**. (I was taking note of what the customer was saying, but the system shut off.)
- **"La maestra estaba explicando cuando alguien la interrumpió"**. (The teacher was explaining when someone interrupted her.)

Lesson 20

ADVANCED SONG LYRICS

We will conclude this advanced book by looking at two songs that display some of the advanced concepts you have learned in past lessons.

AHORA TE PUEDES MARCHAR by Luis Miguel

What this song demonstrates: Estructura del Condicional "Imposible"

Si + Pluscuamperfecto Subjuntivo + Condicional

Si tu me hubieras dicho siempre la verdad si hubieras respondido cuando te llamé

si hubieras amado cuando te amé, serías en mis sueños la mejor mujer. Si no supiste amar

ahora te puedes marchar

si tu supieras lo que yo sufrí por ti, teniendo que olvidarte sin saber por qué y ahora me llamas

me quieres ver

me juras que has cambiado y piensas en volver

si no supiste amar, ahora te puedes marchar

aléjate de mi

ADVANCED

no hay nada más que hablar, contigo yo perdí

ya tengo con quien ganar

ya sé que no hubo nadie que te diera lo que yo te di que nadie te ha cuidado como te cuidé

por eso comprendo que estás aquí

pero ha pasado tiempo y yo también cambié. Si no supiste amar

ahora te puedes marchar.

Aléjate de mí

no hay nada más que hablar, contigo yo perdí

ya tengo con quien ganar...

LA VIDA TÓMBOLA by Manu Chao

What this song demonstrates: Estructura del Condicional "Irreal"

Si + Imperfecto Subjuntivo + Condicional

Si yo fuera Maradona viviría como él

si yo fuera Maradona frente a cualquier portería si yo fuera Maradona nunca me equivocaría

si yo fuera Maradona perdido en cualquier lugar.

La vida es una tómbola... de noche y de día... la vida es una tómbola y arriba y arriba....

ADVANCED

Si yo fuera Maradona viviría como él... mil cohetes... mil amigos

y lo que venga a mil por cien... si yo fuera Maradona

si yo fuera Maradona saldría en Mondovision para gritarle a la FIFA

¡Que ellos son el gran ladrón!

La vida es una tómbola... de noche y de día... la vida es una tómbola y arriba y arriba....

Si yo fuera Maradona viviría como él porque el mundo es una bola

que se vive a flor de piel

Si yo fuera Maradona frente a cualquier porquería nunca (¿siempre?) me equivocaría...

Si yo fuera Maradona y un partido que ganar

si yo fuera Maradona perdido en cualquier lugar... La vida es una tómbola de noche y de día...

ADVANCED

Bonus Lesson

A READING LESSON

In this lesson we are going to read an article about the use of the expression "che" in Argentina. The article discusses the origin of the use of "che" and its uses today. There will be no English, so prepare yourself to try and understand it all!

Quien haya caminado alguna vez por Bs. As., Rosario, o alguna otra ciudad Argentina, probablemente haya escuchado "Che" entre la gente, y se haya preguntado qué significa o si su uso se trata de algún tipo de recordatorio al mítico Che Guevara.

"CHE" es una expresión ampliamente utilizada en Argentina, que se emplea para llamar la atención de otra persona, por ejemplo: "Che, Juan, ¿tomamos mate?"; o para demostrar sorpresa; ejemplo: "Cheeee, qué caros están los tomates". Es utilizada también en Valencia, Argentina, Bolivia, Paraguay y Uruguay, aunque se asocia el vocablo rápidamente a Argentina a causa del Che Guevara, a quien apodaron "El CHE" precisamente por el abundante uso que los argentinos hacen de esta palabra. Che, es equivalente al uso de "oye" u "hombre", para llamar la atención o "vaya" para expresar sorpresa dentro de España.

El origen real de la expresión es incierto, sin embargo, habría una estrecha relación entre el "che" sudamericano y el "xe" valenciano, que se escribe diferente pero se pronuncia igual. Un dato a favor de una posible relación entre el che sudamericano y el valenciano, es el hecho de que el juego de cartas por excelencia del cono sur, el Truco, extendido por amplias zonas de Argentina y Uruguay, es también muy típico y exclusivo de la región de Valencia, siendo prácticamente desconocido en el resto de España.

El "Xe" valenciano, provendría del antiguo vocablo "ce", con que se llamaba, detenía o hacía callar a alguien. Según Rosenblat, el hispanista que sostiene esta hipótesis, en ciertas zonas de Lombardía, en Italia, existe una expresión parecida, ce, pronunciada che con los mismos significados y usos que el che rioplatense y el valenciano.

Otra hipótesis sobre su origen dice que la expresión vendría del mapuche, donde "mapu" significa "tierra" y che "gente", o del idioma tehuelche donde che significa "hombre".

También podría haberse adoptado del Paraguay. En Guaraní SHE quiere decir MI pero se usa mucho la frase completa SHE RA`A que significa "mi amigo", y quienes no hablan guaraní ni están acostumbrados a analizar podrían haberlo convertir do en "CHE".

ADVANCED

Lesson 21

SOME ARGENTINE VOCABULARY

This is a lesson about some words that either are different in other countries or are very common words in Argentina.

- **"Boludo-a"**: it is a word that we use a lot. It means a person that behaves stupidly or says stupid things. It can be very rude if someone screams this to another person on the Street, for example driving: ¡Boludo! But it is very normal among friends, and it works like "Hey dude".

- **"Dale"**: it is an expression that sometimes works as "vale" in Spain(ok!).

    - ¿Vamos al cine?
    - ¡Dale!

  But could also mean: Hurry up!

    - Dale Marcos, estamos llegando tarde. Or it could be an expression to cheer up your soccer team.

  ¡Dale, dale Boca!

- **Tomar-Beber:** both verbs mean "to drink" but in Argentina it is much more common to use "Tomar": "¿Tomás mate?. "Tomar" is also is used for "to take". "Tomar un taxi"

- **Andar-Montar:** when we want to talk about "to ride a bike" we use the verb "andar": andar en bicicleta, andar en skate, andar a caballo. Even when we usually say "andar a caballo" you can also use "montar a caballo". We don´t use "montar en bicicleta", even though it is common in other countries like Mexico.

ADVANCED

- **Coger:** You have maybe heard the phrase "coger un taxi" (using "coger" as "to take") we don´t say that in Argentina. In Argentina, "coger" means "to have sex". So we actually say: "tomar un taxi".

- **Recoger-Levantar:** for the same reason, we don´t use "recoger" to talk about "to lift" something. We use "levantar". For example: "levantá ese papel del suelo, por favor".

- **Recoger-Pasar a buscar a alguien:** even though in some countries they use "recoger" to talk about "picking up someone", we use "pasar a buscar". For example: "necesito pasar a buscar a mis padres por el aeropuerto".

- **Andar-Estar:** in casual situations you can use "andar" instead of "estar". "¿Cómo estás?" = ¿Cómo andás? (How are you?). "Anduve muy ocupado ayer"= estuve muy ocupado ayer (I was really busy yesterday).

- **Andar-Caminar:** You have maybe read in the dictionary or have heard "andar" as "to walk", we don´t use it in Argentina where most people refer to walk as "caminar".

    - ¿Cómo vas a la escuela? (How do you go to the school?)

    - Caminando. (Walking.)

- **Alquilar-Rentar:** these are synonymous for "to rent" but in Argentina is more common the use of "Alquilar".

- **Chamullar:** It is a verb that, especially in Buenos Aires, is heard a lot. It means talking a lot, even exaggerating or lying to achieve something: conquering a person, getting a job, showing off to strangers. There is also an adjective for a person who does it usually: "chamullero-a". And you can use the noun "chamullo" when you don't believe in what just someone said. In English the verb would be "bull shitting" and the adjective would be a "bull shitter".

ADVANCED

Lesson 22

INDIRECT STYLE

In this lesson we are going to learn how to transmit what another person says, and in order to do that we will need to make some changes in the original phrase.

Imagine that Sandra says: "Vivo en Buenos Aires".

We will say: "Sandra dice que vive en Buenos Aires". Obviously we will need to change the verb`s conjugation from the first person to the third person.

But if she says: "Me ducho todos los días", we also have to change the pronoun and to say : "Dice que se ducha todos los días".

So, when we are using a verb of transmission in present tense we will change:

Reflexive Pronouns

OI

OD

Traer-Llevar

Venir-Ir

Acá-Allá

Possessive Pronouns

Imperative to Subjunctive-Present

Sandra: "Voy a tu casa con mi auto"

If I am at my place I will say: "Sandra dice que viene a mi casa con su auto".

Sandra: "¡Dame un vaso de agua!"

Sandra dice que le de un vaso de agua.

When we have a question we are going to use "si" if there is not an interrogative word.

- ¿Te sentís bien hoy?

Pregunta si me siento bien hoy.

- ¿Cuándo es tu cumpleaños?

Pregunta cuándo es mi cumpleaños.

Now, if we are going to use the transmission word in the past tense, then we have to change most of the tenses.

ADVANCED

Present	Imperfect
Imperfect	Imperfect
Indefinido	Pluperfect
Pluperfect	Pluperfect
Future	Conditional
Conditional	Conditional
Imperative	Imperfect Subjunctive
Imperfect Subjunctive	Pluperfect Subjunctive
Perfect Subjunctive	Pluperfect Subjunctive
Pluperfect Subjunctive	Pluperfect Subjunctive

Let´s see how to pass to the Indirect Style with this little interview with the tennis player Juan Martín del Potro.

- Se sabe lo que representa para vos el US Open, lo que sentís por jugar en Wimbledon, ¿pero qué te pasaba a la distancia y qué añorabas de Roland Garros?

- Hacía tanto que no venía que había perdido esa linda sensación que tengo ahora. Capaz que no es de mis Grand Slams preferidos, pero igual tiene sus detalles, tiene algo que lo hace especial. Haber hecho un gran torneo en el 2009, jugando contra Federer el año que él lo ganó, es también recordado por el público francés. También jugué un gran partido con Tsonga ese año. No es fácil hacer un gran torneo acá. Y en París también se la pasa muy bien.

Indirect Style

El periodista le comentó que se sabía lo que representaba para él el US Open y lo que sentía por jugar en Wimbledon, y le preguntó que le pasaba a la distancia y qué añoraba de Roland Garrós.

Juan Martín respondió que hacía tanto que no iba que había perdido esa linda sensación que tenía ahora. Capaz que no era de sus Grand Slams preferidos, pero igual tenía sus detalles, tenía algo que lo hacía especial. Luego dijo que había hecho un gran torneo en el 2009, jugando contra Federer el año que él lo había ganado, era también recordado por el público francés. Además comentó que también había jugado un gran partido con Tsonga ese año. Dijo que no era fácil hacer un gran torneo allá. Y que en París también se la pasaba muy bien.

CONCLUSION

Well, we hope this guide has been a great help in learning the Spanish language for you! The lessons are designed to be an easy reference, so be sure to revisit each lesson as much as you can when you are unsure about something. We wish you the best of luck on your Spanish learning journey!!

Printed in Great Britain
by Amazon